Bitcoin

REVELANDO EL PODER REVOLUCIONARIO DE LA MONEDA DIGITAL:

UNA GUÍA INTEGRAL SOBRE BITCOIN

Isabella Ramirez

ÍNDICE DE CONTENIDOS

INTRODUCCIÓN

El libro electrónico "Bitcoin: Revelando el Poder Revolucionario de la Moneda Digital - Una Guía Integral sobre Bitcoin" está aquí para darte la bienvenida. El propósito de este libro electrónico es brindar a los lectores un conocimiento exhaustivo de la revolución financiera que representa Bitcoin. Este libro electrónico busca explicar las complejidades de esta moneda digital y su impacto transformador. Con el surgimiento de Bitcoin y la tecnología de cadena de bloques que lo respalda, hemos presenciado un cambio tremendo en el panorama financiero.

Como el primer ejemplo exitoso de una moneda digital descentralizada y peer-to-peer, Bitcoin ha atraído la curiosidad en todo el mundo y ha generado innumerables discusiones. El propósito de este libro electrónico es explicar a fondo los mecanismos, la utilidad y el potencial de Bitcoin tanto para principiantes como para aquellos con un conocimiento básico de las monedas digitales.

El libro electrónico comienza con una investigación sobre la idea de dinero y moneda digital, rastreando el desarrollo de los sistemas monetarios desde el trueque hasta Bitcoin. Luego se abordan en profundidad los aspectos técnicos, incluida la tecnología de blockchain y el proceso de minería, haciendo que estos temas complejos sean comprensibles para el público en general.

También examinamos la economía de Bitcoin, incluyendo cómo funciona como reserva de valor, medio de intercambio y una posible inversión. El libro electrónico también analiza los aspectos legales y regulatorios globales de Bitcoin, resaltando lo diversos y dinámicos que son las leyes de criptomonedas.

Este libro electrónico también examina críticamente las críticas y controversias en torno a Bitcoin, incluyendo el medio ambiente, actividades ilícitas, problemas de escalabilidad y manipulación del mercado. Comprender cualquier tema requiere tener un punto de vista diverso, y Bitcoin no es una excepción.

Finalmente, examinamos los avances y las innovaciones prospectivas en los campos de Bitcoin y las finanzas descentralizadas (DeFi) mientras miramos hacia el futuro. Dado que el mundo de la moneda digital todavía está en sus primeras etapas, el potencial de crecimiento e innovación en el futuro es casi ilimitado.

El objetivo de esta guía exhaustiva es ayudarte a comprender el potencial revolucionario de Bitcoin y cómo podría transformar los sistemas financieros globales. Este libro electrónico será una herramienta invaluable en tu descubrimiento del fascinante mundo de Bitcoin, ya seas un entusiasta apasionado, un espectador curioso o un posible inversor.

Únete a nosotros en esta aventura mientras exploramos el fascinante mundo de Bitcoin y vemos cómo esta moneda digital está alterando las condiciones económicas globales.

CAPITULO
I
Comprendiendo el Dinero y la Moneda Digital

Definición e Historia del Dinero

El concepto de dinero, tal como lo conocemos hoy, es el resultado de un viaje largo y complejo a lo largo del tiempo. Desde simples sistemas de trueque hasta monedas de metal, billetes de papel y, finalmente, monedas digitales, ha habido una evolución significativa. Para comprender la naturaleza básica del dinero, es imperativo conocer esta evolución.

Dentro de una economía, el dinero es una forma ampliamente utilizada de intercambio de bienes y servicios. Sirve como estándar para el pago diferido, una unidad de cuenta y un depósito de valor. Lo utilizamos para determinar precios y realizar cálculos económicos.

El dinero ha existido desde el comienzo de la civilización humana. Uno de los primeros tipos de comercio fue el sistema de trueque, que implicaba el intercambio directo de bienes y servicios. Predominaba en países sin un sistema monetario bien establecido. A pesar de ser simple, el sistema de trueque sufría por la "doble coincidencia de deseos". Era necesario que ambas partes tuvieran lo que querían, lo cual no era frecuentemente el caso. Además, era difícil determinar los valores equivalentes de diversos bienes y servicios.

El dinero mercancía, que utilizaba bienes con valor intrínseco como dinero, se creó como resultado de las desventajas del sistema de trueque. Bienes materiales como oro, plata, cobre, granos y ganado se utilizaban como dinero mercancía. Mientras que los nativos americanos usaban conchas de wampum como dinero, civilizaciones antiguas como Egipto utilizaban granos. El valor del dinero mercancía estaba estrechamente relacionado con el material del que estaba hecho.

Debido a su durabilidad, divisibilidad, portabilidad y valor intrínseco, metales preciosos como oro, plata y cobre con el tiempo se convirtieron en la forma preferida de dinero mercancía. Para estandarizar su valor, las culturas antiguas comenzaron a transformar estos metales en monedas y decorarlas con imágenes de la clase dominante. Alrededor del 600 a.C., Lidia, un reino en la antigua Asia Menor, se le atribuye la introducción de las primeras monedas jamás producidas.

La dificultad de llevar muchas monedas de metal pesado llevó al desarrollo del papel moneda, lo que fue un gran avance. Alrededor del siglo VII d.C., la dinastía Tang en China fue la primera en utilizar papel moneda, también conocido como "dinero volador" debido a su ligereza. A lo largo de las décadas, el uso del papel moneda se extendió a diferentes regiones del mundo.

Con el establecimiento de organizaciones bancarias en Europa durante la Edad Media, la idea de los billetes comenzó a tener efecto. Inicialmente, los billetes servían como recibos de depósitos que podían canjearse por la cantidad correspondiente de oro o plata. El Patrón Oro eventualmente reemplazó este sistema en el siglo XIX. Bajo este estándar, los países acordaron intercambiar papel moneda por una cantidad específica de oro. Sin embargo, la oferta limitada de oro y la inestabilidad económica a mediados del siglo XX fueron las razones fundamentales por las cuales finalmente se abandonó el patrón oro.

El dinero fiduciario, una forma de efectivo que no está respaldada por una mercancía física, es lo que define el período contemporáneo del dinero. El dinero fiduciario obtiene su valor de la confianza y la seguridad que la gente deposita en el gobierno que lo emite. No puede ser canjeado por oro o plata; en cambio, las personas y los gobiernos depositan su confianza en la estabilidad y durabilidad de su valor.

La naturaleza del dinero experimentó cambios significativos con la introducción de la era digital en el siglo XX. El dinero digital o electrónico se creó como resultado del uso generalizado de la banca electrónica y las transacciones por Internet. Cualquier tipo de moneda que se mantenga en formato electrónico, como las criptomonedas como Bitcoin, se incluye en esta categoría.

La aparición de las criptomonedas, monedas digitales o virtuales descentralizadas que utilizan la criptografía para su protección, es la progresión más reciente en la idea de dinero. La primera y más conocida criptomoneda es Bitcoin, que fue desarrollada en 2009 bajo el nombre de Satoshi Nakamoto. Blockchain es un libro de contabilidad descentralizado ejecutado por una red de computadoras (o "nodos") que impulsa las operaciones de criptomonedas. Las criptomonedas solo existen en la red y no tienen existencia física. No se utiliza un activo físico ni una autoridad centralizada para establecer su valor. En cambio, la oferta y demanda del mercado, así como el nivel de confianza, influyen en su valor.

Debido a su naturaleza descentralizada, potencial para transacciones rápidas y de bajo costo, y su seudonimato, las criptomonedas, especialmente Bitcoin, han sido reconocidas por su capacidad para perturbar los sistemas financieros tradicionales. Sin embargo, debido a la posibilidad de que puedan utilizarse para facilitar actividades ilegales, la alta fluctuación de precios y los efectos que las operaciones de minería tienen en el medio ambiente, también han sido objeto de críticas y escrutinio.

A medida que miramos hacia el futuro, el rostro del dinero sigue cambiando. Tendencias como la descentralización, la digitalización y la tokenización sugieren un futuro donde las monedas digitales, posiblemente incluso las monedas digitales emitidas por bancos centrales (CBDC), coexistan o incluso reemplacen a las monedas fiduciarias convencionales. Un futuro así podría tener efectos profundos en las estructuras socioeconómicas, redefinir el comercio y la industria, y reestructurar los sistemas financieros globales de maneras que apenas estamos comenzando a comprender.

En conclusión, el desarrollo del dinero es un viaje intrigante que refleja el avance económico, tecnológico y social de la civilización humana. A lo largo de miles de años, ha evolucionado desde un simple sistema de trueque hasta complejas monedas digitales. Comprender esta historia es crucial para navegar e influir en los cambios prospectivos en el futuro, así como para apreciar las innovaciones financieras pasadas. Es más importante que nunca comprender lo que el dinero realmente representa: un consenso de valor, un medio de intercambio y un reflejo de la sociedad en la que funciona, mientras nos encontramos al borde de una potencial nueva era de dinero digital. El dinero puede adoptar otras formas en el futuro, pero su papel y significado en la sociedad seguramente seguirán siendo los mismos.

Introducción a la Moneda Digital

Una nueva era de moneda digital ha llegado como resultado de la continua evolución del dinero, y está revolucionando la forma en que comprendemos y intercambiamos valor. La moneda digital, que difiere significativamente de los sistemas monetarios convencionales en que solo está disponible en forma digital o electrónica, no en forma física como billetes y monedas, es una forma de divisa.

Desde representaciones digitales de monedas fiduciarias convencionales hasta criptomonedas completamente descentralizadas, todas están incluidas en la amplia categoría de tecnologías financieras conocidas como "monedas digitales". El uso de redes de computadoras, internet y sistemas de almacenamiento digital es una característica crucial de las monedas digitales. Permiten la transferencia de propiedad sin fronteras y transacciones rápidas, mejorando enormemente la eficiencia de las transacciones.

Las dos formas principales de monedas digitales son centralizadas y descentralizadas. Las autoridades centrales, frecuentemente un gobierno u organización financiera, emiten y regulan monedas digitales centralizadas. Estas incluyen stablecoins y Monedas Digitales de Banco Central (CBDC, por sus siglas en inglés). Las CBDC representan digitalmente la moneda fiduciaria de una nación, con el mismo valor y protecciones. Las stablecoins, por otro lado, son monedas digitales cuyo valor está vinculado a una reserva de activos, frecuentemente dinero fiduciario.

Bitcoin, Ethereum y Litecoin son ejemplos de monedas digitales descentralizadas o criptomonedas. Estas monedas operan en sistemas descentralizados y suelen utilizar la tecnología de cadena de bloques, una especie de libro de contabilidad distribuido mantenido por una red dispersa de computadoras. Las criptomonedas a menudo no están sujetas a ningún tipo de regulación centralizada, lo que las hace resistentes a la interferencia o manipulación por parte de gobiernos.

El ámbito de las monedas digitales descentralizadas fue introducido por Satoshi Nakamoto, un misterioso creador que adoptó el nombre de Bitcoin en 2009. La tecnología de cadena de bloques, un libro de contabilidad distribuido que permite la verificación de transacciones por todos los usuarios, fue popularizada por Bitcoin. Cada 'bloque' de transacciones se agrega a una 'cadena' en un orden secuencial y lineal, estableciendo un registro permanente. La mayoría de las criptomonedas actualmente negociadas están respaldadas por la tecnología de cadena de bloques, que proporciona transparencia, inmutabilidad y seguridad.

Hay muchos beneficios en el uso de la moneda digital. Facilitan transacciones rápidas y asequibles, especialmente cuando se trata de pagos internacionales. También tienen el potencial de promover la inclusión financiera, ya que pueden ser utilizadas por personas que a menudo tienen acceso limitado o nulo a servicios bancarios. Además, algunas monedas digitales, especialmente las criptomonedas, ofrecen cierto grado de anonimato (aunque no completo) y resistencia a la censura.

A pesar de sus beneficios, las monedas digitales están sujetas a muchos desafíos y críticas. Los usuarios enfrentan un gran riesgo debido a la fluctuación de precios, especialmente en el caso de las criptomonedas. El fraude y el lavado de dinero son dos problemas que pueden surgir debido a la falta de control y regulaciones. Además, las monedas digitales excluyen a aquellos que no tienen acceso confiable a Internet, ya que dependen inherentemente de una conexión en línea. Por último, la aceptación generalizada de las monedas digitales puede verse obstaculizada por su complejidad y naturaleza tecnológica.

Las monedas digitales están avanzando rápidamente, impulsadas por la innovación tecnológica y los cambios en las preferencias del consumidor, lo que sugiere que podrían volverse muy importantes en el futuro. El entorno normativo, la aceptación del usuario y la interacción con los sistemas bancarios actuales cambiarán junto con ellas. Queda por ver si desplazarán las formas de pago actuales o coexistirán con ellas.

En conclusión, las monedas digitales representan un desarrollo progresivo en la historia del dinero. Al proporcionar nuevas formas de realizar transacciones, desarrollar productos financieros novedosos y desafiar el papel de los intermediarios financieros convencionales, tienen el potencial de transformar el panorama financiero. Comprender las monedas digitales será cada vez más crucial a medida que el mundo digital se desarrolla. Pero también es esencial evaluar a fondo los riesgos asociados. Como cualquier avance tecnológico, las monedas digitales tienen oportunidades y desventajas. Equilibrar estos factores es clave para su exitosa incorporación en nuestro sistema financiero.

Moneda Tradicional vs. Moneda Digital

La transformación del dinero desde algo físico a uno electrónico y luego a formas digitales representa el ritmo rápido de la evolución de nuestros sistemas financieros. La coexistencia de las monedas fiduciarias tradicionales y las monedas digitales, cada una con beneficios y desafíos distintos, proporciona un punto de vista intrigante para observar la interacción dinámica entre la innovación tecnológica y los sistemas económicos. Esta sección compara en detalle estos dos medios de intercambio, examinando sus cualidades únicas, beneficios y desventajas.

La moneda tradicional o fiduciaria es el término utilizado para describir el sistema monetario reconocido creado y controlado por el gobierno de un país. El valor de este dinero, que no está respaldado por un bien tangible como el oro o la plata, proviene de la confianza que la gente tiene en el gobierno. Además de monedas y billetes reales, también se refiere a representaciones digitales mantenidas en sistemas bancarios.

Por otro lado, la moneda digital describe un tipo de dinero que solo se ofrece en formato digital o electrónico. Esta categoría de monedas incluye criptomonedas descentralizadas como Bitcoin o Ethereum que funcionan con tecnología moderna como la cadena de bloques, así como versiones digitales centralizadas de monedas fiduciarias que son emitidas y reguladas por instituciones financieras.

La estructura de sus sistemas regulatorios es una de las distinciones más evidentes entre las monedas convencionales y las digitales. Las monedas tradicionales operan bajo la gestión centralizada de organizaciones poderosas como los bancos centrales. Estas organizaciones tienen el poder de dirigir el funcionamiento general del sistema monetario, así como la política monetaria y la oferta de dinero. Por otro lado, la mayoría de las monedas digitales, especialmente las criptomonedas, operan en redes descentralizadas sin autoridad central y promueven un proceso democrático donde las actualizaciones de protocolo son aprobadas por consenso entre los miembros.

Las monedas tradicionales toman la forma de monedas y billetes, que brindan una sensación tangible de propiedad y valor. Las billeteras digitales o cuentas sirven como el hogar para las monedas digitales, que no tienen una existencia física.

Las transacciones con moneda tradicional dependen de bancos u otras organizaciones financieras para actuar como intermediarios y validar, procesar y registrar transacciones. La naturaleza descentralizada de criptomonedas como Bitcoin, en marcado contraste, permite que la red de computadoras, o nodos, valide transacciones a través de un procedimiento conocido como minería.

Cualquier sistema monetario debe ser de fácil acceso. Aunque las monedas tradicionales son el estándar aceptado y cuentan con un amplio respaldo, su usabilidad suele estar limitada por el alcance y la inclusividad de los sistemas financieros. Las monedas digitales destacan en esta área en particular. Incluso en lugares que históricamente han sido desatendidos por los sistemas financieros, se puede acceder a las monedas digitales con una conexión a Internet.

Otro diferenciador importante es la velocidad y el costo de las transacciones. Los sistemas bancarios tradicionales pueden tener tarifas elevadas y tiempos de procesamiento lentos, especialmente para transacciones internacionales. Las criptomonedas, en particular, pueden acortar drásticamente los tiempos de transacción y reducir los gastos.

Las transacciones con criptomonedas brindan un mayor nivel de seudonimato en términos de seguridad y privacidad en comparación con los intercambios de moneda regular. Sin embargo, este seudonimato no es absoluto y puede ser utilizado con fines maliciosos. A pesar de contar con marcos legales establecidos, los sistemas tradicionales no son inmunes a problemas como el fraude y el robo de identidad.

Las monedas digitales tienen muchos beneficios, pero también tienen numerosas desventajas. La volatilidad de precios es una barrera importante para el uso generalizado de las monedas digitales, especialmente las criptomonedas. Debido a su estabilidad de precios relativa, las monedas fiduciarias en economías estables tienen éxito en esta área, pero su naturaleza impredecible a menudo desanima a las personas a usarlas para transacciones rutinarias.

La aceptación de las monedas por parte de los usuarios está fuertemente influenciada por su estado legal y regulatorio. Las monedas tradicionales se benefician de una regulación sólida y reconocimiento legal, brindando a los usuarios ciertas protecciones y opciones en caso de disputas o fraudes. Sin embargo, el estado legal de la moneda digital a menudo es incierto. Por ejemplo, la estructura descentralizada de las criptomonedas dificulta la creación de un marco regulatorio completo.

La barrera técnica es el último obstáculo importante que enfrentan las monedas digitales. Vienen con ideas creativas y posibles beneficios, pero también requieren cierto nivel de experiencia técnica. El usuario promedio puede encontrar difícil manejar monedas digitales, administrar billeteras digitales o comprender la tecnología de cadena de bloques. Las monedas tradicionales, que son parte de nuestra vida cotidiana, son simples y fáciles de usar.

En conclusión, las monedas tradicionales y digitales ofrecen modelos alternativos de intercambio de valor, cada uno con sus propias ventajas y desventajas. Las monedas tradicionales ofrecen estabilidad y simplicidad, ya que son ampliamente aceptadas y utilizadas. Las monedas digitales también están encontrando un lugar en los ecosistemas financieros debido a su tecnología innovadora y su potencial para la inclusión y eficiencia. Aún no está claro si las monedas digitales reemplazarán al dinero tradicional u operarán junto a él. Pero el debate continuo entre la moneda tradicional y digital seguramente seguirá influyendo en cómo se desarrolla nuestro futuro financiero.

CAPITULO
II
El Concepto de Bitcoin

¿Qué es Bitcoin?

Bitcoin se destaca como una innovación pionera que ha cambiado
por completo la forma en que las personas piensan sobre el dinero
en el vasto panorama de las tecnologías financieras
contemporáneas. Integra ideas de matemáticas, ciencias de la
computación y teoría económica para producir una moneda digital

completamente descentralizada que no está sujeta a ningún tipo de autoridad centralizada. Esta sección profundiza en la comprensión de Bitcoin, examinando su historial, tecnología subyacente, características y efectos en la economía mundial.

La historia de Bitcoin comienza en medio de la crisis financiera de 2008, cuando una persona o grupo de personas que utilizaba el seudónimo Satoshi Nakamoto publicó el libro blanco de Bitcoin. La innovadora idea de una moneda digital descentralizada que permitiría transacciones entre pares sin la necesidad de un tercero de confianza se presentó en el documento "Bitcoin: Un Sistema Electrónico de Efectivo Peer-to-Peer".

En enero de 2009, el público tuvo acceso al software de Bitcoin. "The Times 03/Jan/2009 Chancellor on brink of second bailout for banks" tiene un mensaje oculto en el primer bloque de la cadena de bloques de Bitcoin, también conocido como el "bloque génesis" o "bloque cero", que se creó en respuesta a la inestabilidad financiera de la época. Este mensaje representa el inicio de Bitcoin como una alternativa al sistema financiero tradicional.

Hablando en términos fundamentales, Bitcoin es un tipo de moneda digital descentralizada, comúnmente conocida como criptomoneda. No está controlada por ningún banco central. A diferencia de las monedas convencionales, Bitcoin solo existe digitalmente y no se presenta en forma de monedas o billetes físicos. Mientras que Bitcoin (mayúscula "B") a veces se refiere al sistema, software o red, cada bitcoin (minúscula "b") representa una unidad de esta moneda.

La tecnología en la que se basa Bitcoin es la cadena de bloques, un libro de contabilidad descentralizado y distribuido que registra todas las transacciones en una red de computadoras conocidas como nodos. Cada transacción se agrupa en un "bloque" y se agrega a una "cadena" de transacciones anteriores en el orden en que ocurrieron. Este sistema garantiza la transparencia, seguridad e inmutabilidad de todas las transacciones.

La naturaleza descentralizada de Bitcoin es una de sus características más distintivas. Bitcoin opera en una red de igual a igual que es descentralizada y libre del control de cualquier organización, en marcado contraste con las monedas convencionales que son gestionadas y reguladas por bancos centrales o autoridades financieras. Esta descentralización implica que ninguna persona u organización puede cambiar unilateralmente el valor o la oferta de Bitcoin, lo que actúa como una protección incorporada contra la interferencia política o una mala gestión financiera que podría provocar la hiperinflación. Bitcoin demuestra así la posibilidad de un sistema financiero tan descentralizado e internacional como el propio internet, introduciendo un nuevo paradigma de autonomía monetaria.

El límite de suministro de Bitcoin, determinado algorítmicamente, es otra característica distintiva. Una elección de diseño que le confiere a Bitcoin su naturaleza deflacionaria es el tope en la cantidad total de bitcoins que pueden existir, fijado en 21 millones. Para septiembre de 2021, ya se han minado más de 18.5 millones de bitcoins. Esta escasez predeterminada contrasta con las tendencias inflacionarias de la mayoría de las monedas tradicionales, donde los bancos centrales pueden aumentar la oferta de dinero. Como resultado, Bitcoin se ha comparado frecuentemente con el oro digital, e incluso algunos sostienen que su oferta limitada lo convierte en una buena protección contra la inflación.

Las personas involucradas en estas transacciones no están identificadas abiertamente, a pesar de que cada transacción en la red de Bitcoin está públicamente disponible en la cadena de bloques. En cambio, se representan mediante direcciones alfanuméricas distintivas, brindando a los usuarios cierto grado de privacidad. Es importante recordar que Bitcoin es seudónimo en lugar de completamente anónimo. El análisis complejo a veces puede asociar direcciones con personas específicas, aunque no revele directamente las identidades de los usuarios. Sin embargo, su naturaleza seudónima señala una tendencia en la era digital hacia una mayor privacidad financiera.

Otra característica esencial que mejora la funcionalidad de Bitcoin como forma de moneda es su divisibilidad. Se pueden utilizar ocho lugares decimales para dividir cada bitcoin, siendo la unidad más pequeña, 0.00000001 BTC, denominada "Satoshi" en homenaje al misterioso hombre que creó Bitcoin. Debido a su alta divisibilidad, Bitcoin puede respaldar una gran cantidad de transacciones, incluidas las microtransacciones, a pesar de su oferta limitada. Como resultado, Bitcoin tiene el potencial de utilizarse como medio de intercambio para transacciones en línea de pequeña a gran escala.

Bitcoin establece un estándar más alto para la portabilidad y durabilidad monetaria porque es un activo completamente digital. Los bitcoins son mucho más fáciles de almacenar, transmitir y transportar que la moneda tradicional o incluso el oro. Miles de millones de dólares en bitcoins pueden caber en un dispositivo pequeño como una memoria USB. Además, debido a que los bitcoins se almacenan en forma digital, no experimentan deterioro o desgaste con el tiempo como lo hacen los billetes o monedas físicas. En este sentido, Bitcoin representa un tipo de moneda confiable y práctico que es ideal para la era digital.

La minería es el proceso de aprobar transacciones y registrarlas en la red de Bitcoin. Los mineros utilizan potentes computadoras para resolver problemas matemáticos desafiantes. El primer minero que resuelve el problema tiene la oportunidad de agregar un nuevo bloque a la cadena de bloques y se le premia con una cantidad establecida de bitcoins (este pago está sujeto a 'halving', que ocurre aproximadamente cada cuatro años). La seguridad y el funcionamiento eficiente de la red de Bitcoin están garantizados por esta estructura basada en incentivos.

La creación de bitcoin no solo ha desafiado los fundamentos del sistema financiero establecido, sino que también ha creado una nueva forma de moneda. Proporciona un mecanismo de transmisión de valor sin fronteras y sin necesidad de permisos, facilitando la inclusión financiera para las poblaciones no bancarizadas. Además, ofrece una posible defensa contra la inflación, especialmente en áreas con economías inestables.

Sin embargo, existen ciertas dificultades con Bitcoin. Es una inversión riesgosa debido a su volatilidad de precios, y se han planteado preocupaciones ambientales debido a su consumo de energía. Aunque la mayor parte de la actividad de Bitcoin es legal y transparente, su naturaleza seudónima se ha utilizado con fines ilícitos.

Además, diferentes países tienen enfoques regulatorios diferentes sobre Bitcoin, con algunos respaldando la tecnología y otros prohibiéndola por completo. La adopción de Bitcoin por parte del público en general se ve significativamente obstaculizada por estas dificultades regulatorias e incertidumbres.

En conclusión, bitcoin ha provocado una reconsideración fundamental de lo que implica el dinero en la era digital como la primera implementación exitosa de una moneda digital descentralizada. Representa una ruptura fundamental con los sistemas monetarios convencionales y ofrece una visión de un día en el que el dinero podría ser descentralizado, digital y global.

El potencial de Bitcoin para transformar las finanzas globales es innegable, a pesar de sus dificultades. Bitcoin, a medida que sigue creciendo y desarrollándose, tiene el potencial de ser el catalizador de una nueva era en el mundo de las finanzas, caracterizada por un aumento de la autonomía financiera, eficiencia e inclusividad. El viaje de Bitcoin está lejos de estar completo y aún no está claro cómo afectará al mundo a largo plazo. Sin embargo, Bitcoin continúa siendo un fascinante ejemplo del poder de la creatividad y la capacidad de la tecnología para redefinir estructuras establecidas.

Historia y Origen de Bitcoin

La introducción de Bitcoin representa una revolución sin precedentes en la tecnología financiera. Como la primera moneda digital descentralizada de amplio uso, Bitcoin desafió las ideas preconcebidas sobre el dinero y los métodos de pago. Tecnología, economía, política y la filosofía de descentralización están todos entrelazados en la cautivadora narrativa que es la historia de Bitcoin. Esta sección examina el interesante desarrollo e historia de Bitcoin, haciendo hincapié en sus inicios, crecimiento y notable influencia en el sistema financiero mundial.

Los inicios de Bitcoin se remontan a la crisis financiera mundial de 2008, un período de agitación económica intensa que expuso debilidades graves en el sistema financiero preexistente. Este contexto condujo a la publicación de un whitepaper titulado "Bitcoin: A Peer-to-Peer Electronic Cash System" por parte de un individuo o grupo que usaba el seudónimo Satoshi Nakamoto. En el whitepaper se presentó una idea innovadora para un sistema de moneda digital que permitiría transacciones peer-to-peer sin la necesidad de intermediarios como bancos o entidades gubernamentales.

El 'bloque génesis' o 'bloque cero', minado por Nakamoto en enero de 2009, se conoce como el primer bloque de Bitcoin. "The Times 03/Jan/2009 Chancellor on brink of second bailout for banks", que reflejaba la crisis financiera de la época y simbolizaba el comienzo de Bitcoin como alternativa a los sistemas financieros establecidos, fue un mensaje secreto encontrado en el bloque génesis.

Satoshi Nakamoto, el inventor de Bitcoin, sigue siendo una figura esquiva. Solo se han dejado unos pocos rastros, en publicaciones en foros, correos electrónicos y el propio código de Bitcoin, y su identidad aún no se ha establecido completamente. En abril de 2010, Nakamoto dejó de comunicarse con la comunidad de Bitcoin, dejando el software de código abierto en manos de un equipo de desarrolladores comprometidos.

Aunque la identidad de Nakamoto sigue siendo un misterio, el legado que ha dejado ha tenido un impacto significativo. Se puede ver una comprensión profunda de las intersecciones entre estos campos de estudio, que incluyen ciencias de la computación, criptografía, economía y filosofía política, en el desarrollo de Bitcoin, que es una síntesis de varios de ellos.

El desarrollo y mantenimiento de Bitcoin han sido un esfuerzo de equipo desde la partida de Nakamoto. El protocolo de Bitcoin es seguro y es mejorado por desarrolladores de todo el mundo. Bitcoin ha experimentado varias actualizaciones y bifurcaciones a lo largo de los años, algunas de las cuales resultaron en el desarrollo de nuevas criptomonedas como Bitcoin Cash.

En sus primeros años, Bitcoin tenía poco valor monetario y era prácticamente desconocido para el público en general. En mayo de 2010, el programador Laszlo Hanyecz intercambió 10,000 Bitcoins por dos pizzas, marcando el primer uso comercial conocido de la criptomoneda. Hoy en día, el "Día de la Pizza Bitcoin" es una conocida festividad que conmemora esta transacción.

Alrededor de 2011, el precio y la popularidad de Bitcoin comenzaron a aumentar, atrayendo la atención del público, los reguladores y los medios de comunicación. Cuando Bitcoin alcanzó un máximo histórico en 2017 de alrededor de $20,000, logró un hito clave que confirmó su viabilidad como un activo digital e inversión especulativa.

Pero el camino de Bitcoin no siempre ha sido fácil. Debido a su considerable volatilidad, uso en actividades ilegales y su conexión con estafas y fraudes, ha sido objeto de críticas y un aumento en la escrutinio gubernamental. A pesar de estas dificultades, el valor y la popularidad de Bitcoin siguen en aumento, demostrando su resistencia y potencial.

El desarrollo de Bitcoin tuvo un gran impacto en el mundo de las finanzas. Ha generado el desarrollo de toda una nueva industria de criptomonedas y tecnología blockchain, lo que ha llevado a la creación de miles de activos digitales y aplicaciones innovadoras en numerosas industrias.

En un sentido más amplio, Bitcoin desafía los principios fundamentales del establecido sistema financiero y proporciona una alternativa descentralizada, de código abierto y resistente a la censura. Se han debatido temas relacionados con el potencial de los sistemas descentralizados, la naturaleza del dinero y la función de los bancos centrales en relación con esto.

Bitcoin ha alterado nuestra percepción del dinero de diversas maneras. Introdujo la idea de dinero programable, estableció un precedente para la escasez digital y demostró la eficacia del consenso descentralizado. Como resultado, Bitcoin es una representación tanto de la independencia financiera como de la descentralización, además de ser una moneda digital.

Seguir el desarrollo de Bitcoin revela una historia de pensamiento radical, avance tecnológico y desarrollo económico. Su transformación desde una idea abstracta en un documento técnico hasta convertirse en un activo digital reconocido internacionalmente resalta el potencial de los sistemas descentralizados y las tecnologías digitales. Aunque aún existen muchas incógnitas y desafíos para Bitcoin, su influencia en las finanzas y otras industrias es innegable.

Independientemente de si Bitcoin finalmente obtiene una aceptación generalizada como moneda o permanece como un activo digital especializado, su impacto va mucho más allá de su valor monetario. El desarrollo de Bitcoin es un testimonio de la creatividad humana y el impulso constante hacia el progreso financiero en la era digital. Los capítulos finales de la historia de Bitcoin aún no han sido escritos. El legado y las lecciones de Bitcoin seguirán influyendo en la dirección de las finanzas y la tecnología a medida que avanzamos más en el siglo veintiuno.

¿Tienes alguna pregunta sobre la tecnología blockchain o sobre Bitcoin?

Además de revolucionar la idea de la moneda digital, el surgimiento de Bitcoin también vio la introducción de la innovadora tecnología conocida como blockchain. Blockchain ha cambiado por completo nuestra percepción sobre la confianza, la seguridad y la transparencia en las transacciones financieras, y sirve como base para Bitcoin y otras criptomonedas. Esta sección se adentra profundamente en el funcionamiento complejo de la tecnología blockchain, examinando sus ideas fundamentales, aplicaciones prácticas y efectos generalizados en una variedad de industrias fuera del ámbito de las criptomonedas.

Un libro de contabilidad digital descentralizado, transparente e inmutable que registra transacciones en numerosas computadoras o nodos de red se conoce como una cadena de bloques. Al agrupar cada transacción en un "bloque" y agregar ese bloque a una creciente cadena de bloques anteriores que ya ha sido registrada, se crea un historial cronológico e inalterable de todas las transacciones. Con el uso de procedimientos de consenso, este sistema de registro distribuido elimina la necesidad de intermediarios como bancos o autoridades de terceros, al tiempo que promueve la confianza y la transparencia.

La idea fundamental detrás de la tecnología de la cadena de bloques es la descentralización. La cadena de bloques funciona en una red peer-to-peer, en contraste con los sistemas centralizados convencionales, distribuyendo el control y la toma de decisiones entre muchos usuarios. Dado que la red está distribuida, ninguna organización o autoridad única puede ejercer un control total sobre ella. La cadena de bloques aumenta la transparencia, reduce la posibilidad de censura y disminuye los efectos de los puntos únicos de falla al eliminar la necesidad de intermediarios. La descentralización otorga más autoridad a las personas y comunidades, fomentando un sentido de propiedad e participación en la red.

El bloque de construcción fundamental de las redes de cadena de bloques son los mecanismos de consenso. Otorgan a los participantes la capacidad de ponerse de acuerdo sobre el estado actual del libro mayor y validar nuevas transacciones. La cadena de bloques de Bitcoin utiliza Prueba de Trabajo (PoW), el mecanismo de consenso más conocido. En la prueba de trabajo (PoW), los mineros compiten para encontrar soluciones a desafiantes rompecabezas matemáticos, presentando su trabajo como evidencia y ganando el privilegio de añadir nuevos bloques a la cadena.

Al utilizar este enfoque, los usuarios de la red pueden asegurarse de que las transacciones han sido verificadas y aprobadas. A medida que la tecnología de la cadena de bloques ha avanzado, han surgido técnicas alternativas de consenso como Prueba de Participación (PoS) y Prueba de Participación Delegada (DPoS). Estas soluciones permiten un entorno de cadena de bloques más sostenible y abierto al abordar problemas de escalabilidad y eficiencia energética.

La integridad y confiabilidad de la cadena de bloques dependen de su inmutabilidad y resistencia a manipulaciones. Las transacciones en la cadena de bloques son muy difíciles de cambiar o eliminar una vez que han sido registradas. Cada bloque en la cadena está conectado al anterior mediante un hash criptográfico o una huella digital única. Cualquier intento de modificar un bloque requiere cambiar el hash del bloque original y de todos los bloques sucesivos. La inmutabilidad y resistencia a manipulaciones de la cadena de bloques están garantizadas por la casi imposibilidad de esta tarea computacional. Debido a que los participantes pueden confiar en la precisión de las transacciones registradas, la inmutabilidad de la cadena de bloques aumenta la confianza. La cadena de bloques es una herramienta crucial para sectores como la gestión de la cadena de suministro, finanzas y atención médica, ya que también ofrece una sólida capacidad de auditoría.

La tecnología de cadena de bloques ha sido más conocida con la aparición de las criptomonedas, pero sus usos potenciales van mucho más allá del mundo del dinero virtual. Diversas industrias están investigando los efectos potencialmente revolucionarios de la tecnología de cadena de bloques en las siguientes áreas:

La cadena de bloques proporciona un libro contable descentralizado e inmutable que hace que las cadenas de suministro sean rastreables y transparentes. Las empresas pueden garantizar la autenticidad y procedencia de los productos registrando cada paso del viaje de la cadena de suministro en la cadena de bloques. Este procedimiento de verificación ayuda a prevenir la entrada de productos falsificados al mercado y empodera a los consumidores para tomar decisiones informadas. Sectores como alimentos, medicamentos y artículos de lujo están utilizando plataformas basadas en la cadena de bloques para autenticar productos, verificar la legitimidad de los socios de la cadena de suministro y agilizar operaciones. La trazabilidad basada en la cadena de bloques fomenta comportamientos éticos y sostenibles, al tiempo que mejora la eficiencia.

La cadena de bloques tiene el enorme potencial de transformar los sistemas financieros establecidos. La cadena de bloques facilita transacciones directas de igual a igual al eliminar intermediarios, lo que reduce los costos y acelera las transacciones. La tecnología de cadena de bloques permite la ejecución sin problemas de pagos transfronterizos, que tradicionalmente se ven obstaculizados por procedimientos que consumen mucho tiempo y tarifas costosas. Al automatizar procesos y eliminar la necesidad de intermediarios, los contratos inteligentes, acuerdos autoejecutables almacenados en la cadena de bloques, mejoran la eficiencia y reducen el riesgo de fraude. Plataformas descentralizadas de préstamos y recaudación de fondos basadas en la cadena de bloques ofrecen diferentes formas para que personas y empresas accedan a capital. La seguridad y privacidad de las transacciones financieras también pueden mejorarse mediante sistemas de identidad basados en la cadena de bloques, asegurando que las personas conserven la propiedad de sus datos personales.

Al aumentar la seguridad y la interoperabilidad de los datos de los pacientes, la tecnología de la cadena de bloques tiene el potencial de transformar completamente el sector de la salud. Los proveedores de atención médica pueden garantizar la integridad y seguridad de los datos privados almacenando y compartiendo de manera segura los registros de los pacientes en la cadena de bloques. Las soluciones basadas en la cadena de bloques facilitan a los proveedores de atención médica compartir datos, lo que reduce los costos administrativos y mejora los resultados para los pacientes. Además, las personas pueden tener un mayor control sobre su información de salud al otorgar acceso basado en el consentimiento a profesionales médicos o investigadores específicos. Los registros de pacientes se mantienen inmutables y seguros debido a la resistencia a la manipulación de la cadena de bloques, preservando la privacidad y la confianza.

Los sistemas de votación basados en la tecnología de la cadena de bloques tienen el potencial de revolucionar la democracia y el gobierno. La integridad y transparencia de las elecciones se mejoran mediante la tecnología de la cadena de bloques al producir un registro auditable y a prueba de manipulaciones de los votos. La confianza en el proceso electoral se incrementa gracias a la estructura descentralizada de la cadena de bloques, que elimina la posibilidad de fraude y manipulación. La cadena de bloques también permite a los votantes emitir votos de forma remota de manera segura y conveniente, independientemente de su ubicación física. La inmutabilidad y transparencia de los sistemas de votación basados en la cadena de bloques fomentan el comportamiento democrático y garantizan resultados precisos, mejorando los cimientos de la gobernanza democrática.

El potencial de la tecnología de la cadena de bloques para cambiar por completo numerosas industrias es enorme. Sin embargo, hay varios problemas y desafíos que deben tenerse en cuenta antes de que pueda ser ampliamente adoptada.

La escalabilidad es uno de los principales problemas con los que deben lidiar las redes de cadenas de bloques, especialmente las públicas. Alcanzar el consenso y mantener una copia completa de la cadena de bloques en cada nodo se vuelve más consumidor de tiempo y recursos a medida que aumenta el número de participantes y transacciones. Esta restricción dificulta que las redes de cadenas de bloques gestionen un alto volumen de transacciones por segundo, limitando su potencial de escala. Sin embargo, para superar estos problemas de escalabilidad, se están llevando a cabo investigaciones y actividades de desarrollo continuas. Soluciones de capa dos, como la Red Lightning para Bitcoin, buscan hacer que las transacciones sean más rápidas y escalables al descargar un porcentaje considerable del volumen de transacciones de la cadena principal.

El mecanismo de consenso de Prueba de Trabajo (PoW) que utilizan Bitcoin y algunas otras criptomonedas requiere una cantidad significativa de potencia computacional, lo que a su vez resulta en un alto consumo de energía. Debido a esta naturaleza intensiva en energía, existen preocupaciones sobre cómo la tecnología de cadenas de bloques puede afectar al medio ambiente. El uso de energía de la cadena de bloques está aumentando junto con su popularidad. Se están investigando procesos de consenso alternativos para mitigar este problema. Mientras preservan la seguridad e integridad de la cadena de bloques, la Prueba de Participación (PoS) y otros algoritmos eficientes en energía buscan reducir las necesidades computacionales y energéticas para validar transacciones. La viabilidad a largo plazo de la tecnología de cadenas de bloques depende de la creación y adopción de alternativas más ecológicas.

La naturaleza descentralizada de la tecnología de cadenas de bloques presenta dificultades para los marcos regulatorios internacionales. Encontrar un equilibrio entre fomentar la innovación y proteger a los consumidores e inversores es un tema difícil para los gobiernos y las organizaciones reguladoras. Para mantener el cumplimiento sin limitar la innovación, el cambiante panorama de la legislación de cadenas de bloques requiere un estudio cuidadoso. Determinar marcos legales para activos digitales, abordar los estándares de conocimiento del cliente (KYC) y prevención del lavado de dinero (AML), y establecer políticas fiscales son solo algunos de los problemas que deben resolverse. La cooperación entre reguladores, participantes de la industria y otros interesados es crucial para crear marcos regulatorios flexibles y adaptativos que fomenten la innovación mientras minimizan los riesgos.

Para aprovechar completamente el potencial de la tecnología de cadenas de bloques, la aceptación y la educación siguen siendo obstáculos importantes. A pesar del gran interés en la cadena de bloques, aún existe una brecha de conocimiento que debe llenarse. La tecnología de cadenas de bloques es compleja, y muchas empresas e individuos encuentran difícil comprender sus intrincados detalles y aplicaciones potenciales. Para permitir que las personas y las organizaciones adopten y utilicen con éxito la tecnología de cadenas de bloques, se requieren programas extensos de educación, colaboración en la industria y herramientas y plataformas fáciles de usar.

El fundamento del éxito de Bitcoin, la tecnología de cadenas de bloques, es una fuerza transformadora que se extiende más allá del mundo de la moneda digital. Su naturaleza descentralizada, transparente y segura abre nuevas oportunidades para la innovación, eficiencia y confianza en diversas industrias. El impacto de la tecnología de cadenas de bloques irá mucho más allá de sus aplicaciones actuales a medida que se desarrolle, resolviendo problemas de escalabilidad, consumo de energía y regulación. Al abrazar el potencial transformador de la cadena de bloques, podemos acercarnos a un momento en el que los sistemas descentralizados revolucionarán varios sectores de la economía, darán más poder a las personas y redefinirán los fundamentos de la confianza en nuestra sociedad global. El viaje de la cadena de bloques apenas ha comenzado, y tiene el poder de alterar fundamentalmente la forma en que percibimos el mundo.

Cómo se Mina el Bitcoin

La primera criptomoneda del mundo, el Bitcoin, ha captado la atención tanto de individuos como de instituciones. El proceso de minería, que implica resolver problemas matemáticos complejos para validar transacciones y asegurar la red, es esencial para el desarrollo y funcionamiento del Bitcoin. Esta sección explora la mecánica, la historia y los efectos de la minería de Bitcoin, así como cómo afectan a la naturaleza descentralizada de la criptomoneda.

La minería de Bitcoin tiene sus orígenes en el documento técnico inicial del Bitcoin que Satoshi Nakamoto publicó en 2008. Como parte crucial del mecanismo de consenso para la red de Bitcoin, Nakamoto propuso la idea de la minería. Verificar la autenticidad de las transacciones y agregarlas a la cadena de bloques, así como crear nuevos bitcoins para su circulación, son las dos funciones principales de la minería.

El Prueba de Trabajo (PoW) es un algoritmo de consenso utilizado en la minería de Bitcoin. El PoW requiere que los mineros resuelvan problemas matemáticos computacionalmente desafiantes para disuadir a actores maliciosos. Estos problemas se utilizan para verificar transacciones y proteger la red contra intrusiones.

Se compila un conjunto de transacciones pendientes para iniciar el proceso de minería. Los mineros compiten por resolver un rompecabezas criptográfico encontrando un valor de hash particular que cumple con un conjunto de criterios predeterminados. El objetivo de este método es encontrar un hash que sea inferior a un valor objetivo predeterminado al repetir el proceso de hash de los datos del bloque con un nonce (un número aleatorio). Los bitcoins recién creados y las tarifas de transacción se otorgan al primer minero que encuentra un hash válido. Después de esto, el nuevo bloque se difunde en la red, donde otros mineros confirman su legitimidad y comienzan a minar el siguiente.

Para llevar a cabo los cálculos intrincados necesarios para identificar el hash ganador, la minería de bitcoins requiere hardware de procesamiento potente y software especializado. Los primeros mineros de Bitcoin podían realizar su trabajo con éxito en una computadora normal. Pero a medida que la red se expandió y el nivel de competencia aumentó, los mineros comenzaron a utilizar tecnología más potente específica para la minería, como las Unidades de Procesamiento de Gráficos (GPU) y, finalmente, los Circuitos Integrados Específicos de la Aplicación (ASIC).

Los mineros individuales luchan por encontrar bloques y obtener recompensas de manera regular debido a la creciente dificultad y competencia en la minería. Como solución, se crearon las "pools" de minería, redes cooperativas de mineros que combinan sus recursos computacionales para aumentar sus probabilidades de minar con éxito un bloque. Cuando un miembro de la pool descubre un bloque, los premios se dividen entre los miembros según la capacidad informática colectiva. Con el fin de proporcionar una distribución más equitativa de las recompensas y al mismo tiempo mantener la seguridad y estabilidad de la red, las "pools" de minería se han convertido en un componente esencial del ecosistema minero.

El protocolo de Bitcoin incluye una característica conocida como ajuste de dificultad de minería para mantener un tiempo de bloque consistente y regular la velocidad a la que se producen nuevos bitcoins. Con el fin de mantener un ritmo de producción de bloques de uno cada 10 minutos, la dificultad se ajusta cada 2016 bloques, aproximadamente cada dos semanas. La dificultad se vuelve cada vez más compleja si los bloques se minan más rápidamente de lo asignado en el período. En cambio, la dificultad disminuye si los bloques se minan más lentamente para mantener el tiempo de bloque deseado.

Además de ser esencial para la seguridad y funcionalidad de la red de Bitcoin, la minería también ofrece a los mineros incentivos financieros para participar. La "recompensa por bloque" otorgada a los mineros incluye bitcoins recién creados, así como las tarifas de transacción asociadas. La recompensa por bloque se establece inicialmente en 50 bitcoins, pero se reduce a la mitad cada cuatro años a través de un proceso conocido como "halving". La disminución de la recompensa por bloque y el aumento de la dificultad hacen que los bitcoins sean más escasos, lo que contribuye a su naturaleza deflacionaria.

La minería de Bitcoin es esencial para preservar la estructura descentralizada y la seguridad de la red. La potencia computacional necesaria para minar bloques sirve como evidencia de la inversión del minero en la red, desalentando la actividad maliciosa. La naturaleza distribuida de la minería también garantiza que ninguna entidad única pueda controlar la mayoría de la potencia informática de la red, protegiendo contra ataques y preservando la integridad de la cadena de bloques.

Las preocupaciones relacionadas con el impacto ambiental y el consumo de energía de la minería de bitcoin han crecido junto con su popularidad y nivel de competencia. La huella de carbono de la minería de Bitcoin ha sido criticada debido a las computaciones intensivas en energía necesarias para la minería, especialmente cuando se utilizan ASICs poco eficientes en energía. Es crucial recordar que la minería de Bitcoin utiliza una cantidad significativamente menor de energía que todo el sistema bancario, incluidos los centros de datos y la infraestructura física.

El proceso de minería de bitcoin está intrínsecamente vinculado a la eficiencia y seguridad de la red de Bitcoin. Prueba de Trabajo permite a los mineros confirmar transacciones, proteger la red y obtener recompensas financieras en forma de bitcoins recién creados. El panorama de la minería ha sido alterado por el desarrollo de la tecnología minera, la aparición de grupos de minería y la disminución de las recompensas por bloque. Aunque persisten las preocupaciones sobre el uso de energía y el medio ambiente, la investigación actual y los desarrollos técnicos tienen como objetivo hacer que las operaciones mineras sean más eficientes.

Los principios descentralizados en los que se fundó la criptomoneda están encarnados en la minería de bitcoin. Fomenta la confianza, estimula la participación y garantiza la integridad de la cadena de bloques. La minería seguirá siendo una parte crucial de la red de

Bitcoin a medida que crece y evoluciona, impulsando la innovación del ecosistema y contribuyendo al potencial revolucionario de las criptomonedas.

~ 39 ~

CAPITULO
III
Comprendiendo las Propiedades Únicas de Bitcoin

Descentralización y Tecnología Peer-to-Peer

La primera criptomoneda del mundo, Bitcoin, ha capturado el interés tanto de individuos como de organizaciones. La descentralización y la tecnología peer-to-peer (P2P) son dos conceptos fundamentales que sustentan tanto el desarrollo como el funcionamiento de Bitcoin. Estos principios rectores diferencian a Bitcoin de los sistemas financieros convencionales y otorgan a los usuarios una libertad sin igual sobre sus transacciones financieras. Esta sección examina la idea de descentralización y el uso de la tecnología P2P en Bitcoin, destacando su importancia, ventajas y efectos en el entorno financiero más amplio.

El concepto central detrás de Bitcoin es la descentralización, que va en contra de la noción convencional de control centralizado por parte de bancos u organismos gubernamentales. Un sistema descentralizado no requiere una autoridad central porque el poder y la toma de decisiones se comparten en una red de participantes. El diseño de Bitcoin protege la red contra la censura, la manipulación y los puntos únicos de fallo, garantizando que ninguna entidad única tenga control o autoridad total sobre ella.

La descentralización de Bitcoin se demuestra mediante varias características importantes. En primer lugar, Bitcoin funciona en una red peer-to-peer (P2P) donde los usuarios se comunican directamente entre sí sin el uso de intermediarios. La red es informada de las transacciones, los mineros las verifican y luego se actualiza el blockchain. Con la ayuda de esta arquitectura P2P, los participantes pueden realizar transacciones entre ellos directamente, promoviendo la eficiencia y eliminando la necesidad de una autoridad centralizada.

En segundo lugar, varios nodos dispersos alrededor de la red mantienen el blockchain, el libro de contabilidad distribuido en la base de Bitcoin. El hecho de que cada nodo tenga una copia del blockchain completo asegura la redundancia y dificulta que una parte manipule los datos. La naturaleza distribuida del libro mayor mejora la inmutabilidad y seguridad de las transacciones.

Finalmente, Bitcoin utiliza mecanismos de consenso como Prueba de Trabajo (PoW) para garantizar el acuerdo de los participantes de la red y confirmar las transacciones. Los mineros compiten para encontrar soluciones a desafiantes problemas matemáticos como parte del proceso de consenso, añadiendo nuevos bloques al blockchain y asegurando la red. Los mecanismos de consenso ayudan a construir confianza, prevenir el doble gasto y proteger la integridad del sistema descentralizado.

La naturaleza descentralizada de Bitcoin tiene varias ventajas importantes. En primer lugar, otorga a las personas control e independencia sobre sus finanzas. Sin depender de intermediarios como bancos u otras organizaciones financieras, Bitcoin permite a las personas tener un control total sobre sus finanzas. Los usuarios pueden realizar transacciones directamente entre ellos, evitando intermediarios convencionales y beneficiándose de una mayor autonomía financiera.

En segundo lugar, cualquiera puede supervisar y confirmar transacciones debido a la transparencia del blockchain. Debido a la inmutabilidad del blockchain y al aumento de la seguridad de la red, es más difícil que actores malintencionados cambien historiales de transacciones o realicen acciones fraudulentas. La apertura de las transacciones de Bitcoin fomenta la confianza entre los usuarios.

En tercer lugar, debido a que la red de Bitcoin es descentralizada, es resistente a intentos de censura. Se vuelve difícil para cualquier organización o gobierno cerrar o controlar la red, ya que no hay una autoridad central o un solo punto de control. Incluso en lugares con sistemas financieros limitados, esta cualidad permite a las personas realizar transacciones financieras libremente.

La descentralización también crea oportunidades para la inclusión financiera al brindar acceso a servicios financieros a personas no bancarizadas. Con solo una conexión a Internet básica, las personas pueden participar en la red de Bitcoin, almacenar valor y realizar transacciones sin necesidad de cuentas bancarias convencionales. Aquellos que han sido excluidos de los sistemas financieros convencionales ahora son empoderados por la democratización de las finanzas.

Finalmente, la estructura descentralizada de Bitcoin facilita las transacciones transfronterizas. A diferencia de los sistemas bancarios convencionales, que podrían imponer limitaciones o tarifas elevadas para pagos internacionales, Bitcoin permite transferencias rápidas y económicas, independientemente de las fronteras geográficas. Esto podría transformar las remesas y facilitar la realización de negocios a nivel global.

La tecnología peer-to-peer es esencial para la arquitectura descentralizada de Bitcoin, ya que permite la comunicación directa entre los usuarios. Elimina la necesidad de intermediarios y brinda a las personas un mayor control sobre sus transacciones financieras.

Los participantes pueden realizar transacciones directas con la tecnología P2P sin depender de autoridades centralizadas o instituciones financieras. Esta tecnología permite mantener el registro de la cadena de bloques, verificar transacciones y transferir dinero de manera cooperativa y sin confianza.

La tecnología P2P en Bitcoin tiene algunas ventajas notables. En primer lugar, la tecnología P2P elimina la necesidad de intermediarios, lo que reduce la posibilidad de fraude, censura y manipulación. Las transacciones directas entre los participantes promueven la transparencia y la confianza en el ecosistema financiero.

En segundo lugar, en comparación con los sistemas financieros convencionales, las transacciones P2P en Bitcoin son más eficientes y asequibles. Los participantes pueden evitar los costos, retrasos y procedimientos burocráticos asociados con los sistemas financieros tradicionales al evitar intermediarios, lo que resulta en transacciones más rápidas y económicas. La eficiencia y la rentabilidad tienen el poder de fomentar la inclusión financiera y aumentar el acceso de las personas marginadas a los servicios financieros.

En tercer lugar, las transacciones P2P de Bitcoin ofrecen un cierto nivel de privacidad. La identidad de las partes involucradas está enmascarada por direcciones alfanuméricas, a pesar de que las transacciones son transparentes y rastreables en la cadena de bloques. El nivel de privacidad proporcionado por esta naturaleza seudónima permite a las personas llevar a cabo transacciones financieras.

Además, la tecnología P2P en Bitcoin otorga a los usuarios un control completo sobre sus transacciones financieras, lo que los empodera aún más. Elimina la necesidad de permisos o dependencia de autoridades centralizadas, lo que promueve la inclusión financiera para personas que pueden no tener acceso a servicios bancarios tradicionales.

La descentralización y las tecnologías P2P de Bitcoin tienen un impacto significativo en el panorama financiero en general. Al permitir transacciones directas de igual a igual, Bitcoin desafía primero el modelo convencional de intermediarios financieros. Al democratizar los servicios financieros y fomentar la colaboración de igual a igual, reduce la dependencia de los bancos y otras instituciones financieras.

Segundo, las personas tienen un control sin precedentes sobre sus transacciones financieras gracias a la descentralización y la tecnología P2P. Los participantes pueden realizar transacciones directas entre ellos sin estar limitados por reglas establecidas por autoridades centralizadas. Esto permite que las personas tomen el control de sus vidas financieras.

Tercero, debido a que Bitcoin es descentralizado, el sistema financiero es más resistente y estable. La falta de una autoridad central reduce la posibilidad de fallas catastróficas y garantiza que las transacciones continúen incluso en caso de interrupciones o ataques.

Y finalmente, la descentralización fomenta el emprendimiento y la innovación en el sector financiero. Las personas pueden desarrollar nuevas aplicaciones, servicios e instrumentos financieros que antes no estaban disponibles o estaban excesivamente regulados al reducir las barreras de entrada y disminuir la dependencia de intermediarios.

La descentralización y las tecnologías P2P tienen muchas ventajas, pero también tienen inconvenientes y dificultades. Primero, la escalabilidad se vuelve más difícil a medida que aumenta la popularidad de Bitcoin. La capacidad de procesamiento de transacciones de la red puede estar limitada por la naturaleza descentralizada del sistema, donde cada nodo debe procesar y almacenar cada transacción. Se requiere un desarrollo tecnológico continuo e investigación para superar los problemas de escalabilidad y garantizar el funcionamiento fluido de la red a medida que crece.

En segundo lugar, el mecanismo de consenso Prueba de trabajo (PoW) utilizado en la minería de Bitcoin consume una gran cantidad de recursos de procesamiento. Esto ha generado preocupaciones sobre cómo el uso de energía de Bitcoin afectaría al medio ambiente. Para reducir la huella de carbono de la minería de Bitcoin, se están realizando esfuerzos para desarrollar procesos de consenso alternativos que sean más eficientes en términos de energía, como Prueba de participación (PoS).

En tercer lugar, la estructura descentralizada de Bitcoin presenta dificultades para los marcos regulatorios internacionales. Los gobiernos y las agencias reguladoras luchan por encontrar un equilibrio entre fomentar la innovación y proteger a los inversores y consumidores. La creación efectiva de regulaciones para criptomonedas descentralizadas requiere una cuidadosa consideración y cooperación entre las partes interesadas.

Por último, pero no menos importante, la autonomía y el control que brindan la descentralización y las tecnologías P2P también implican una mayor responsabilidad individual. Dado que no hay una autoridad centralizada que brinde asistencia en caso de pérdida o robo, los usuarios deben asegurar sus claves privadas y tener cuidado para proteger sus fondos. Para dotar a las personas de la información y las herramientas necesarias para navegar con éxito en el mundo descentralizado, son esenciales las campañas de educación y concientización.

El núcleo de las características especiales de Bitcoin es la tecnología P2P y descentralizada. Bitcoin revoluciona la forma en que pensamos acerca de las transacciones financieras al eliminar la necesidad de intermediarios y empoderar a los individuos. La autonomía, transparencia, seguridad e inclusión financiera son ventajas del sistema descentralizado de Bitcoin y la tecnología P2P. Sin embargo, para aprovechar completamente los beneficios de la descentralización y la tecnología P2P en Bitcoin, es necesario resolver problemas de escalabilidad, consumo de energía, marcos regulatorios y responsabilidad del usuario. Comprender estos conceptos y cómo afectan al panorama financiero en general será esencial a medida que navegamos por el creciente panorama de las finanzas descentralizadas para aprovechar al máximo el potencial de Bitcoin e influir en la dirección de las finanzas en el futuro.

Seguridad y privacidad.

El primer criptoactivo del mundo, Bitcoin, ha cambiado por completo la forma en que entendemos el dinero y las actividades financieras. La seguridad y la privacidad son dos aspectos fundamentales del concepto de Bitcoin. Estas características distinguen a Bitcoin de los sistemas financieros convencionales y otorgan a los usuarios más influencia sobre sus transacciones financieras. Esta sección examina las ideas de seguridad y privacidad en relación con Bitcoin, centrándose en su importancia, ventajas y efectos en el panorama financiero general.

La base de la seguridad de Bitcoin radica en varios elementos cruciales que interactúan para mantener la confiabilidad de la red y resguardar el dinero de los usuarios. En primer lugar, un aspecto clave para asegurar la seguridad de las transacciones es la aplicación de conceptos criptográficos. Las direcciones criptográficas individuales de los usuarios, que actúan como su identidad digital en la red, se generan mediante criptografía de clave pública. Las transacciones se firman con claves privadas que solo el usuario conoce, demostrando la propiedad. Los bloques de la cadena de bloques están conectados mediante algoritmos criptográficos de hash, que resguardan los datos de la transacción y hacen que sea casi imposible cambiar la historia de las transacciones.

En segundo lugar, la seguridad se mejora gracias a la naturaleza descentralizada de la red de Bitcoin. Una amplia red de nodos distribuye la autoridad y la toma de decisiones, eliminando la posibilidad de manipulación o un único punto de fallo. Debido a que un ataque malicioso requeriría comprometer un porcentaje considerable de la red para tener éxito, la estructura descentralizada reduce el riesgo de ataques maliciosos.

En tercer lugar, preservar la seguridad es una función clave del método de consenso Proof-of-Work (PoW) de Bitcoin. Utilizando una gran cantidad de potencia de procesamiento y energía, los mineros compiten para resolver acertijos matemáticos desafiantes. Con la ayuda de esta competencia, las transacciones se verifican y se agregan de manera segura y confiable al blockchain. Dado que los participantes deben utilizar recursos reales para minar bloques, la técnica de consenso PoW también protege contra el doble gasto.

Por último, la inmutabilidad del blockchain mejora la seguridad. Una transacción se vuelve muy difícil de cambiar o eliminar una vez que se escribe en el blockchain como parte de un bloque. El hash criptográfico que conecta cada bloque con el anterior crea una cadena de bloques vinculados. Para alterar un bloque, se debe cambiar el hash de ese bloque y de todos los bloques sucesivos, lo cual es computacionalmente imposible. La inmutabilidad del blockchain garantiza la integridad y transparencia de las transacciones.

Varias tecnologías que ofrecen diferentes niveles de anonimato y confidencialidad se utilizan en Bitcoin para lograr la privacidad. Aunque las transacciones de Bitcoin no son completamente anónimas, sí brindan a los usuarios cierto grado de anonimato. En primer lugar, en lugar de utilizar identidades del mundo real, las transacciones de Bitcoin están asociadas con direcciones criptográficas. Los usuarios utilizan direcciones alfanuméricas distintas al realizar transacciones, lo que dificulta vincular con precisión las transacciones a personas específicas a menos que esas personas revelen voluntariamente sus identidades.

En segundo lugar, Bitcoin brinda a los usuarios la opción de crear varias direcciones, añadiendo otro nivel de privacidad. Es más difícil vincular varias transacciones a un solo usuario cuando cada transacción tiene una dirección diferente. Este método mejora la privacidad y disminuye la probabilidad de análisis de transacciones.

En tercer lugar, se pueden utilizar servicios de mezcla o mezcla de monedas para aumentar la privacidad. Estos servicios mezclan monedas de varios usuarios, lo que dificulta determinar de dónde provino el dinero o a dónde fue. Al romper eficazmente la conexión entre el remitente y el destinatario, la mezcla de monedas puede aumentar la privacidad.

Por último, pero no menos importante, se introducen características adicionales de privacidad mediante la red Lightning, una solución de escalado de capa dos construida sobre la red Bitcoin. Los usuarios pueden realizar transacciones fuera de la cadena mediante el uso de canales de pago, lo que minimiza la visibilidad de las transacciones en la cadena de bloques. Esta capa de privacidad permite microtransacciones más rápidas y privadas.

Las características únicas de seguridad y privacidad de Bitcoin tienen varias ventajas tanto para los usuarios como para el sistema financiero. En primer lugar, Bitcoin brinda a los usuarios la propiedad y el control completos de sus fondos. Los usuarios pueden poseer y gestionar sus bitcoins sin la ayuda de intermediarios gracias a las claves criptográficas seguras. Esto elimina la posibilidad de que los fondos sean congelados o confiscados por autoridades centralizadas.

En segundo lugar, el hecho de que las transacciones de Bitcoin sean criptográficas evita que el dinero sea falsificado o manipulado. Las firmas criptográficas se utilizan para proteger las transacciones, demostrar la propiedad y evitar el acceso no deseado al dinero. Esto proporciona más confianza y seguridad a la red de Bitcoin.

Tercero, al separar las transacciones de Bitcoin de las identidades del mundo real, estas proporcionan un cierto grado de privacidad financiera. Los usuarios pueden realizar transacciones sin revelar información personal para preservar su privacidad financiera y reducir el riesgo de robo de identidad. Esta privacidad es especialmente importante en lugares con regulaciones financieras estrictas o cuando las personas desean mantener su independencia financiera.

Finalmente, debido a que Bitcoin es descentralizado y resistente a la censura, las transacciones no pueden ser prohibidas o revertidas arbitrariamente por el gobierno o intermediarios. Los usuarios pueden comerciar libremente sin preocuparse por la censura o interferencias, ofreciendo un refugio seguro para personas que viven en áreas políticamente riesgosas.

Si bien las características de seguridad y privacidad de Bitcoin tienen muchas ventajas, hay algunas cosas que tener en cuenta y dificultades que superar. En primer lugar, es responsabilidad de los usuarios individuales resguardar las claves privadas y proteger los fondos. Los fondos podrían perderse de manera permanente debido a errores como perder las claves privadas o caer en estafas de phishing. Los usuarios deben tener precaución, adoptar procedimientos seguros y estar al tanto de las mejores prácticas de seguridad más recientes.

En segundo lugar, las autoridades y legisladores están preocupados por las características de privacidad de Bitcoin. Los gobiernos luchan por encontrar un equilibrio entre fomentar la innovación financiera y abordar posibles preocupaciones derivadas de la tecnología que mejora la privacidad. Es difícil crear legislación que aborde de manera efectiva problemas como el lavado de dinero y la financiación del terrorismo, al mismo tiempo que se mantienen las ventajas de la privacidad.

En tercer lugar, aunque las transacciones de Bitcoin son anónimas, los métodos de análisis avanzados pueden llegar a vincular transacciones con identidades del mundo real. El uso de intercambios centralizados o la vinculación de datos personales con direcciones de Bitcoin pueden comprometer la privacidad transaccional. Estas dificultades subrayan la necesidad de una investigación continua y la creación de soluciones que mejoren la privacidad dentro del ecosistema de Bitcoin.

Los elementos esenciales de la propuesta de valor distintiva de Bitcoin son sus características de seguridad y privacidad. Bitcoin brinda a los usuarios un control incomparable sobre sus transacciones financieras al tiempo que mantiene un cierto nivel de privacidad gracias a principios criptográficos, descentralización y tecnología innovadora que mejora la privacidad. La propiedad y el control, la seguridad contra el fraude, la privacidad financiera y la resistencia a la censura son algunas de las ventajas de la seguridad y la privacidad en Bitcoin. Para garantizar la viabilidad y adopción a largo plazo de Bitcoin, es necesario abordar cuestiones como la responsabilidad del usuario, las preocupaciones regulatorias y la trazabilidad de las transacciones. Comprender y abordar estos problemas será crucial para aprovechar todo el potencial de seguridad y privacidad de Bitcoin, influyendo en el futuro de las finanzas y empoderando a personas de todo el mundo mientras navegamos por el cambiante panorama de las finanzas digitales.

¡Te estás sumergiendo profundamente en Bitcoin! ¡Sigamos!

La primera criptomoneda del mundo, Bitcoin, ha cambiado la forma en que las personas piensan sobre el dinero y las actividades financieras. La oferta limitada y la naturaleza deflacionaria de Bitcoin destacan entre sus propiedades únicas. La oferta limitada y el diseño deflacionario de Bitcoin, en contraste con las monedas fiduciarias convencionales que son vulnerables a las presiones inflacionarias, presentan una comprensión novedosa de los conceptos de reserva de valor y estabilidad económica. Esta sección explora las ideas de la oferta limitada y la naturaleza deflacionaria de Bitcoin, enfatizando su importancia, ventajas y efectos en el entorno financiero más amplio.

La estructura algorítmica de Bitcoin es lo que determina su cantidad limitada. Se estableció un límite fijo cuidadosamente al crear bitcoin para garantizar que solo haya una cantidad limitada de bitcoins en circulación. El algoritmo asegura que nunca habrá más de 21 millones de bitcoins en circulación. Este límite fijo es un componente esencial de la política monetaria de Bitcoin y está incorporado en el protocolo de la cadena de bloques.

La minería es un método utilizado para materializar la idea de un suministro finito. Los mineros de la red de Bitcoin, que se encargan de validar y proteger las transacciones, compiten para resolver problemas aritméticos desafiantes. Una cantidad establecida de bitcoins recién creados se otorga al minero o grupo minero que resuelve con éxito el problema. El incentivo proporcionado por este sistema de recompensa anima a los mineros a contribuir con sus recursos de procesamiento a la red.

Hasta septiembre de 2021, ya se han minado más de 18.5 millones de bitcoins, dejando solo 2.5 millones por producir. El endurecimiento gradual del proceso de minería con el tiempo garantiza un flujo controlado y predecible de nuevos bitcoins en circulación.

La cantidad limitada de bitcoin tiene varias ventajas convincentes y perspectivas excepcionales tanto para sus usuarios como para el entorno financiero en general.

En primer lugar, la capacidad de Bitcoin como reserva de valor se ve potenciada por su oferta limitada. La escasez de Bitcoin asegura

que su valor no disminuya con el tiempo, a diferencia de las
monedas fiduciarias, que son vulnerables a las presiones
inflacionarias provocadas por las políticas de los bancos centrales.
Gracias a esta característica, es una opción deseable para las
personas que buscan proteger su riqueza y prevenir preocupaciones
inflacionarias.

En segundo lugar, la oferta limitada de bitcoins aporta un grado de
estabilidad económica. Bitcoin evita la producción arbitraria de
nuevo dinero que puede distorsionar los mercados y reducir el
poder adquisitivo al tener un calendario de suministro
predeterminado. La introducción gradual de nuevos bitcoins
fomenta la estabilidad de precios al limitar las subidas o caídas
bruscas de los precios que pueden perturbar los sistemas
económicos.

Por último, los usuarios confían en Bitcoin debido a su
disponibilidad limitada. El calendario de suministro predecible
reduce la posibilidad de aumentos abruptos en la oferta monetaria,
lo que puede dañar la confianza en las monedas fiat convencionales.
Además, los usuarios pueden confirmar el suministro total de
bitcoins y seguir su movimiento gracias a la transparencia y
auditabilidad de la cadena de bloques de Bitcoin, lo que aumenta la
confianza.

La naturaleza deflacionaria de Bitcoin resulta de su oferta limitada
y la creciente demanda. El valor de cada bitcoin tiene la capacidad
de aumentar con el tiempo siempre que haya una demanda creciente

y una oferta fija. Dentro del ecosistema de Bitcoin, esta dinámica deflacionaria ofrece beneficios así como dificultades.

De una forma u otra, la naturaleza deflacionaria de Bitcoin posibilita oportunidades de inversión y especulación. La motivación para comprar y retener bitcoins como inversión a largo plazo se incrementa cuando se espera una apreciación del valor en el futuro, lo que respalda la expansión y liquidez del mercado de bitcoins. Debido a esta característica, Bitcoin es una opción deseable para aquellos que buscan un crecimiento de capital potencial.

Además, la naturaleza deflacionaria de Bitcoin refuerza su capacidad para funcionar como reserva de valor. Aquellas personas que deseen proteger su dinero de las presiones inflacionarias pueden optar por acumular bitcoins con la esperanza de que su valor aumente con el tiempo. Esta alternativa a los activos financieros convencionales protege contra la depreciación.

Sin embargo, la naturaleza deflacionaria de Bitcoin también presenta dificultades. Debido a la oferta limitada y la creciente demanda, existe la posibilidad de que los precios fluctúen. Aunque un aumento en el valor puede ser beneficioso para los inversores, también aumenta la volatilidad del mercado, convirtiendo a Bitcoin en una inversión de alto riesgo. Las bruscas fluctuaciones de precios pueden desanimar a algunas personas de utilizar bitcoin como reserva de valor o medio de intercambio.

Dado que Bitcoin es una moneda deflacionaria, su aceptación generalizada como medio de intercambio para transacciones regulares presenta otra dificultad. Las personas pueden ser menos propensas a gastar bitcoins a medida que su valor aumenta y más propensas a conservar sus activos. Este comportamiento podría afectar la liquidez y la velocidad del dinero dentro del ecosistema de Bitcoin.

La naturaleza deflacionaria de Bitcoin plantea problemas económicos que deben resolverse para asegurar su adopción y viabilidad a largo plazo.

En primer lugar, para que una moneda funcione como un medio de intercambio confiable, es esencial la estabilidad de precios. Aunque la naturaleza deflacionaria de Bitcoin podría limitar su uso como moneda de transacción, se están realizando esfuerzos para crear soluciones que reduzcan la volatilidad. Los proyectos de stablecoins buscan proporcionar estabilidad al vincular el valor de las criptomonedas a monedas fiat convencionales, aprovechando al mismo tiempo las ventajas de la tecnología blockchain.

En segundo lugar, la adopción y el uso de Bitcoin como moneda están influenciados en gran medida por su escalabilidad. La red de Bitcoin debe ser capaz de manejar de manera eficiente y económica el aumento del volumen de transacciones a medida que aumenta la demanda. Para aumentar la escalabilidad y asegurar que Bitcoin pueda respaldar un uso más amplio, se están llevando a cabo investigaciones y desarrollos tecnológicos.

¡Listo! Las características únicas de Bitcoin como moneda digital y reserva de valor son resultado de su oferta limitada y naturaleza deflacionaria. Debido a que hay un número finito de bitcoins disponibles, el valor de cada uno está protegido contra las presiones inflacionarias, brindando a los usuarios una forma de asegurar y mantener su capital. Aunque el componente deflacionario crea oportunidades de inversión y almacenamiento de valor, también presenta dificultades, como la volatilidad y la adopción como una moneda ampliamente aceptada.

¡Exactamente! Encontrar el equilibrio adecuado entre las ventajas y desventajas de la oferta limitada y la naturaleza deflacionaria de Bitcoin es esencial para su viabilidad a largo plazo e integración completa en el sistema financiero. Comprender y abordar estos factores económicos contribuirá a determinar el papel de Bitcoin en el futuro de las finanzas y brindará a los usuarios un mayor control sobre sus futuros financieros a medida que se desarrolle e innove. Al abrazar la oferta limitada y la naturaleza deflacionaria de Bitcoin, podemos abrir nuevas puertas y transformar nuestra percepción del valor y la estabilidad económica en la era digital.

Portabilidad y Fungibilidad

Con sus características únicas, la primera criptomoneda, Bitcoin, ha cambiado por completo la industria financiera. La portabilidad y fungibilidad destacan entre estas cualidades como características cruciales que diferencian a Bitcoin de los sistemas financieros convencionales. La portabilidad de Bitcoin permite transacciones internacionales sin problemas, y su fungibilidad garantiza que cada bitcoin tenga un valor igual y sea intercambiable. Esta sección explora las ideas de portabilidad y fungibilidad en relación con

Bitcoin, destacando su importancia, ventajas e implicaciones para el sistema financiero en general.

La portabilidad de Bitcoin se deriva de su naturaleza digital, lo que permite a las personas mover la moneda sin dificultad a través de fronteras y zonas horarias. Al ser una moneda electrónica descentralizada, Bitcoin es muy portátil y accesible para cualquier persona con una conexión a Internet, ya que se puede acceder y utilizar en línea.

La accesibilidad de Bitcoin en todo el mundo es una de sus principales ventajas. Sin utilizar intermediarios o instituciones financieras convencionales, las personas pueden realizar transacciones y transferir valor a través de fronteras. La portabilidad de Bitcoin ofrece una alternativa rentable y eficiente a las redes financieras convencionales para enviar dinero a familiares en el extranjero o realizar negocios en diferentes continentes.

La naturaleza casi instantánea de las transacciones en Bitcoin es otro beneficio de la portabilidad. A diferencia de los sistemas bancarios convencionales, las transacciones de Bitcoin pueden completarse en cuestión de minutos, independientemente de la distancia entre el remitente y el destinatario. La portabilidad de Bitcoin se ve facilitada por su rapidez y eficiencia, lo que permite transacciones internacionales sin problemas.

Además, ni las zonas horarias ni el horario bancario tienen ningún impacto en la portabilidad de Bitcoin. Los usuarios de Bitcoin pueden realizar transacciones en cualquier momento, independientemente de dónde se encuentren en el mundo, ya que es una red descentralizada que está abierta las 24 horas, los 7 días de la semana. Esta accesibilidad mejora aún más la portabilidad de Bitcoin al permitir que las personas realicen transacciones financieras cuando y donde quieran.

Una característica clave de Bitcoin, la fungibilidad, garantiza la intercambiabilidad de cada unidad. Según la definición de fungibilidad en el contexto de bitcoin, cada bitcoin tiene un valor igual a cualquier otro bitcoin, independientemente de sus historias transaccionales. La capacidad de Bitcoin para servir como medio de intercambio y reserva de valor depende de esta cualidad.

La intercambiabilidad de Bitcoin es una de sus características fundamentales de fungibilidad. Independientemente de su origen o historial de transacciones, cada bitcoin se considera igual a cualquier otro bitcoin. Cada bitcoin se considera igual a cualquier otro bitcoin, independientemente de cómo se obtuvo, ya sea mediante la minería, comprándolo en un intercambio o recibido en una transacción. Como resultado, los usuarios pueden realizar transacciones sin preocuparse por el origen o historial específico de los bitcoins que poseen, lo que mejora la usabilidad y liquidez de bitcoin como medio de intercambio.

Además, la fungibilidad de los bitcoins no tiene en cuenta la historia de transacciones que involucran bitcoins específicos. A diferencia de artículos raros o coleccionables, el valor de un bitcoin no se ve afectado por su dueño anterior o las transacciones en las que ha participado. Esta característica mejora la privacidad y

confidencialidad de las transacciones de Bitcoin porque el uso o
valor pasado de un bitcoin en particular no se ve afectado. Los
usuarios pueden realizar transacciones sin preocuparse por la
trazabilidad de su dinero debido a que se proporciona cierto nivel
de confidencialidad.

Los beneficios y consecuencias de la portabilidad y fungibilidad de
Bitcoin para individuos y el sistema financiero en general son
numerosos. La inclusión financiera es una de las ventajas
importantes de la portabilidad de Bitcoin. Las personas que carecen
de acceso a servicios bancarios o tienen servicios bancarios
insuficientes pueden participar en la economía global gracias a la
accesibilidad mundial de Bitcoin y a la baja barrera de entrada. Las
personas pueden acceder a servicios financieros, realizar
transacciones y almacenar riqueza sin depender de la infraestructura
bancaria convencional, con solo una conexión a Internet y una
billetera digital.

La movilidad de Bitcoin también facilita las transacciones
internacionales. Las transferencias internacionales se pueden
realizar de manera rápida y económica con Bitcoin porque no se
necesitan intermediarios como bancos o empresas de remesas.
Como resultado, es más fácil enviar dinero al extranjero, hacer
negocios a nivel internacional y participar en transacciones
financieras.

La naturaleza fungible de Bitcoin mejora la seguridad y el
anonimato de las transacciones. La historia de transacciones de
bitcoins específicos no tiene ninguna influencia en su valor o

utilidad porque cada bitcoin tiene el mismo valor que cualquier otro bitcoin. Al evitar el seguimiento de bitcoins específicos o vincularlos a identidades individuales, esta característica protege la privacidad de los usuarios. Además, aumenta la seguridad al reducir la posibilidad de ataques dirigidos o prejuicios basados en el pasado de ciertas monedas.

La portabilidad y fungibilidad de Bitcoin tienen muchas ventajas, pero también hay aspectos a tener en cuenta y dificultades que deben resolverse. Una dificultad surgida debido a la apertura y descentralización de Bitcoin es el desarrollo de marcos regulatorios. Para proteger a los consumidores, prevenir el lavado de dinero y respaldar la innovación en el ecosistema de Bitcoin, los gobiernos y las agencias regulatorias trabajan para lograr un equilibrio. Es un desafío continuo crear marcos regulatorios eficientes que aseguren el cumplimiento sin sofocar la innovación.

Otro aspecto de la portabilidad de Bitcoin es la escalabilidad. Para garantizar transacciones rápidas y asequibles, es necesario abordar la escalabilidad de la red de Bitcoin a medida que aumenta el número de usuarios y transacciones. Para satisfacer las demandas de una base de usuarios mundial en expansión, la investigación y el desarrollo continuos se centran en mejorar la escalabilidad.

Las características fundamentales de la portabilidad y fungibilidad de Bitcoin han cambiado por completo la forma en que vemos y realizamos transacciones financieras. La naturaleza digital de Bitcoin proporciona disponibilidad las 24 horas, transacciones casi instantáneas y accesibilidad global, lo que mejora su portabilidad y eficiencia. Bitcoin es un medio de intercambio confiable y una reserva de valor debido a su fungibilidad, que garantiza que cada bitcoin tenga un valor igual y sea intercambiable.

Las ventajas de la portabilidad y fungibilidad de Bitcoin incluyen un aumento en la eficiencia económica, transacciones internacionales más rápidas, mejor privacidad y seguridad, y la inclusión financiera. Para garantizar la supervivencia a largo plazo y la popularidad de Bitcoin, es necesario resolver problemas relacionados con los marcos regulatorios y la escalabilidad.

Comprender y aprovechar las cualidades especiales de portabilidad y fungibilidad será esencial a medida que Bitcoin siga desarrollándose e influyendo en el futuro de las finanzas. Al adoptar estas cualidades, las personas y las organizaciones pueden abrir nuevas oportunidades, fomentar la expansión económica y transformar la forma en que interactuamos con el dinero en la era digital. La fungibilidad y portabilidad de Bitcoin abren el camino hacia un ecosistema financiero más diverso, efectivo y seguro.

CAPITULO
IV
Cómo Comprar, Almacenar y Utilizar Bitcoins

Adquisición de Bitcoins

Como una moneda digital descentralizada, Bitcoin, la primera criptomoneda, ha atraído mucha atención. A medida que crece el interés en esta forma innovadora de moneda digital, las personas buscan cada vez más formas de comprarla. Esta sección tiene como objetivo ofrecer una visión completa de la adquisición de bitcoins, cubriendo diferentes estrategias, plataformas, aspectos a tener en cuenta y los riesgos potenciales involucrados.

Las principales plataformas para comprar y vender bitcoins son los intercambios de bitcoin. Estos intercambios en línea facilitan que las personas comiencen a usar criptomonedas al permitirles intercambiar bitcoins por dinero convencional. Aunque las características y funcionalidades exactas de los intercambios pueden diferir, suelen ofrecer un entorno seguro y conveniente para la compra de bitcoins.

Hay varias cosas a tener en cuenta al elegir un intercambio de Bitcoin. En primer lugar, la credibilidad y seguridad del intercambio son esenciales. Elije intercambios que sean de buena reputación y que cuenten con muchos comentarios positivos de los usuarios. En el mundo de las criptomonedas, asegurar la seguridad de tus fondos es crucial.

En segundo lugar, es crucial seguir las regulaciones. Selecciona intercambios que cumplan con las leyes aplicables, se adhieran a los requisitos de conocer a tu cliente (KYC) y contra el lavado de dinero (AML). El cumplimiento de las regulaciones proporciona una capa adicional de seguridad y ayuda en la prevención de actividades delictivas dentro del ecosistema de criptomonedas.

Un factor crucial a tener en cuenta es la liquidez. Una mayor liquidez permite comprar o vender bitcoins en cualquier momento sin experimentar cambios sustanciales en el precio. Se posibilita un mejor acceso al mercado y transacciones más fluidas.

Asimismo, considera la estructura de tarifas del intercambio. Los intercambios tienen diferentes tarifas de transacción, tarifas de depósito/retiro y cualquier otro costo relacionado. Puedes elegir un intercambio con un precio competitivo al comparar las tarifas.

Hay varias formas de comprar bitcoins, cada una adaptada a diferentes necesidades y preferencias.

Numerosos intercambios de Bitcoin aceptan tarjetas de crédito/débito en todo el mundo, lo que permite a los consumidores comprar bitcoins de inmediato. Aunque más conveniente que otras opciones de pago, esta puede tener costos más elevados.

Bitcoin se puede comprar de manera segura y asequible a través de transferencias bancarias. Los usuarios tienen la opción de iniciar una transferencia desde su cuenta bancaria al intercambio; este proceso podría llevar algunos días. En comparación con las compras con tarjeta de crédito/débito, las transferencias bancarias suelen tener tarifas más bajas.

Los intercambios peer-to-peer (P2P) conectan directamente a compradores y vendedores, permitiendo a cualquier persona intercambiar bitcoins sin intermediarios, para aquellos que buscan transacciones más directas. Estas plataformas ofrecen una selección más amplia de métodos de pago y pueden cobrar tarifas reducidas.

Después de realizar una compra de bitcoins, es esencial implementar medidas de seguridad adecuadas para proteger tus activos digitales.

Crea una billetera digital segura donde puedas guardar tus bitcoins. Las billeteras de software (aplicaciones de escritorio o móviles) y las billeteras de hardware (dispositivos físicos que mantienen tus claves privadas fuera de línea) son dos tipos diferentes de billeteras. Elige una billetera basándote en tu investigación sobre los diferentes tipos disponibles y tus preferencias de seguridad.

Configura la autenticación de dos factores (2FA) para tu billetera digital y cuenta de intercambio. Al requerir un segundo paso de verificación, como un código especial enviado a tu dispositivo móvil, para acceder a tu cuenta o iniciar transacciones, 2FA ofrece una capa adicional de protección.

Realiza copias de las frases de recuperación o claves privadas de tu billetera. Guarda estas copias de seguridad en lugares seguros, preferiblemente fuera de línea o en almacenamiento cifrado. Tener copias de seguridad garantiza que puedas recuperar tus bitcoins en caso de pérdida o mal funcionamiento del equipo.

Al comprar bitcoins, es necesario tener en cuenta diversos factores y riesgos.

Debido a que los valores de bitcoin son conocidamente inestables, su valor puede cambiar drásticamente en cuestión de minutos. Antes de invertir en bitcoins, ten en cuenta las alteraciones de precios y evalúa tu tolerancia al riesgo.

Mantente actualizado sobre el marco regulatorio local para las criptomonedas. La compra, tenencia y venta de bitcoins pueden estar afectadas por regulaciones, y el incumplimiento puede tener consecuencias legales.

La naturaleza descentralizada y digital de Bitcoin introduce riesgos de seguridad únicos. Evita malware, estafas de phishing y otras tácticas que puedan comprometer tus claves privadas o datos personales. Mantente alerta ante las amenazas y utiliza procedimientos de seguridad sólidos para proteger tus bitcoins.

Comprar bitcoins brinda acceso a las oportunidades y al mundo de la moneda digital. Las personas pueden comprar bitcoins de manera segura y confiable eligiendo un intercambio de Bitcoin confiable, comprendiendo los métodos de pago aceptados y estableciendo las medidas de seguridad adecuadas. Sin embargo, es crucial tener en cuenta los peligros y dificultades generados por la volatilidad de los precios de Bitcoin, el panorama legal y la necesidad de procedimientos de seguridad sólidos.

El proceso de compra de bitcoins se vuelve más simple y accesible a medida que Bitcoin continúa desarrollándose y adquiriendo una popularidad generalizada. Las personas pueden negociar con éxito el camino para obtener bitcoins y participar en el mundo revolucionario de las monedas digitales al mantenerse informadas, tener precaución y adoptar las mejores prácticas.

Carteras y Opciones de Almacenamiento

Como moneda digital descentralizada, Bitcoin, la primera criptomoneda, ha logrado aceptación universal. A medida que más personas compran bitcoins, es importante pensar en la administración segura y el almacenamiento de estos activos

digitales. El método principal para almacenar y acceder a bitcoins
es a través de una billetera de bitcoin, que ofrece una variedad de
opciones de conveniencia y seguridad. Esta sección busca examinar
las diversas carteras de bitcoin y soluciones de almacenamiento,
resaltando sus características, ventajas y posibles riesgos.

Herramientas digitales llamadas billeteras de bitcoin permiten a los
usuarios almacenar, gestionar y realizar transacciones con sus
bitcoins. Las claves privadas necesarias para acceder y aprobar
transacciones en la red de Bitcoin se almacenan de manera segura
en estas billeteras. Es esencial comprender los diferentes tipos de
billeteras si deseas proteger con éxito tus bitcoins.

Las aplicaciones instaladas en computadoras, teléfonos celulares u
otros dispositivos digitales se conocen como billeteras de software
o billeteras digitales. Facilitan que los usuarios envíen, reciban y
almacenen sus activos digitales, al tiempo que proporcionan un
fácil acceso a los bitcoins. Las billeteras de escritorio y las
billeteras móviles son categorías adicionales de billeteras de
software.

Instaladas en computadoras de escritorio o laptops, las billeteras de
escritorio brindan a los usuarios un control completo sobre sus
claves privadas y la independencia para gestionar sus bitcoins.
Aunque proporcionan un alto nivel de seguridad, los usuarios deben
asegurarse de la seguridad de sus dispositivos y adoptar medidas de
seguridad para protegerse contra virus e intentos de piratería.

Las billeteras móviles son una forma conveniente y portátil de gestionar bitcoins mientras estás en movimiento. Están diseñadas para teléfonos inteligentes y tabletas. Ofrecen a los usuarios la opción de utilizar códigos QR o tecnología de comunicación de campo cercano (NFC) para realizar transacciones con bitcoins. Las billeteras móviles son prácticas para transacciones rutinarias, pero los usuarios deben tomar precauciones de seguridad para protegerse contra el acceso no deseado a sus dispositivos.

Los bitcoins se pueden almacenar de manera segura en dispositivos físicos llamados billeteras de hardware. Ofrecen un método de almacenamiento fuera de línea que protege las claves privadas de cualquier peligro en línea. Debido a que las transacciones deben ser aprobadas mediante interacción física, las billeteras de hardware proporcionan una seguridad aumentada. Los usuarios pueden crear y firmar transacciones en su dispositivo, asegurando que las claves privadas nunca abandonen el entorno seguro de la billetera de hardware. Como resultado, hay una probabilidad sustancialmente menor de que el malware y los ataques en línea comprometan las claves privadas.

Crear una duplicado físico de las claves privadas y públicas conectadas a una dirección de bitcoin es necesario para las billeteras de papel. Estas claves se suelen guardar en un lugar seguro e imprimir en papel u otro medio físico. Las billeteras de papel son seguras contra los ataques de piratas informáticos y ofrecen una alternativa de almacenamiento fuera de línea. Si la billetera de papel se crea correctamente y se toman medidas para evitar pérdidas o daños, ofrecen un alto nivel de seguridad.

Las billeteras web o billeteras alojadas, comúnmente conocidas como billeteras en línea, son billeteras ofrecidas por proveedores de servicios externos que mantienen las claves privadas de los usuarios en servidores remotos. Debido a que se puede acceder a ellas desde cualquier dispositivo con conexión a Internet, estas billeteras brindan accesibilidad y comodidad. Sin embargo, ya que el proveedor de servicios tiene posesión de las claves privadas, también conllevan riesgos significativos de seguridad. Los usuarios deben investigar a fondo y elegir proveedores confiables de billeteras en línea, y asegurarse de que utilicen características de seguridad sólidas como el cifrado y la autenticación multifactorial.

La seguridad debe ser lo primero al seleccionar una billetera y solución de almacenamiento de bitcoins. Piensa en los siguientes factores de seguridad:

Asegúrate de tener control total sobre tus claves privadas. Es necesario utilizar billeteras que te proporcionen el único acceso a las claves privadas y te permitan firmar transacciones de forma independiente. El riesgo de robo o acceso no autorizado es mayor con billeteras en las que el proveedor de servicios tiene acceso a las claves privadas.

Si está disponible, activa la autenticación de dos factores (2FA) en tu billetera. Al requerir un segundo paso de verificación, como un código especial enviado a tu dispositivo móvil, para acceder a tu billetera o aprobar transacciones, 2FA añade una capa adicional de seguridad. Incluso si tu contraseña se ve comprometida, esto ayuda a prevenir el acceso ilegal.

Realiza copias de seguridad periódicas de las frases de recuperación o claves privadas de tu billetera. Estas copias de seguridad deben guardarse de manera segura en varios lugares, preferiblemente fuera de línea o en almacenamiento cifrado. Esto garantiza que tus bitcoins puedan recuperarse en caso de pérdida del dispositivo, robo o mal funcionamiento del hardware.

Mantente atento a las actualizaciones y parches de seguridad para tu billetera seleccionada y aplícalos de inmediato. Estas actualizaciones suelen corregir vulnerabilidades y mejorar la seguridad general de la billetera. Actualizar el software de tu billetera disminuye la probabilidad de ser utilizado por partes malintencionadas.

Para proteger los bitcoins y garantizar su gestión segura, las billeteras y soluciones de almacenamiento son esenciales. Las personas pueden seleccionar la billetera que mejor se adapte a sus preferencias de seguridad y comodidad al conocer los diferentes tipos de billeteras, que incluyen billeteras de software, billeteras de hardware, billeteras de papel y billeteras en línea.

Al gestionar bitcoins, las precauciones de seguridad deben recibir máxima prioridad a medida que aumenta la popularidad de Bitcoin. Los procedimientos fundamentales que mejoran la seguridad de bitcoin incluyen tener control sobre las claves privadas, la autenticación de dos factores, copias de seguridad frecuentes y actualizaciones de software.

Las personas pueden almacenar, mantener y realizar transacciones con sus bitcoins con confianza, al tiempo que reducen los peligros relacionados con el almacenamiento de activos digitales mediante la adopción de mejores prácticas y la elección de billeteras y opciones de almacenamiento adecuadas. Para aprovechar al máximo Bitcoin y participar en el mundo revolucionario de las criptomonedas, es esencial proteger tus activos digitales.

Transacciones de Bitcoin

La primera criptomoneda, Bitcoin, ha cambiado por completo nuestra forma de pensar acerca de las transacciones. Bitcoin permite transacciones digitales de igual a igual sin el uso de intermediarios como bancos, ya que funciona en una red descentralizada. Esta sección tiene como objetivo examinar las complejidades de las transacciones de Bitcoin, analizando sus mecánicas subyacentes, ventajas, dificultades y las consecuencias financieras futuras.

Las unidades esenciales que conforman la red de Bitcoin son las transacciones. Involucran el intercambio de propiedad y valor entre direcciones de Bitcoin. Cada transacción se registra en la cadena de bloques, un libro de contabilidad público descentralizado e inalterable que sirve como registro de cada transacción de Bitcoin.

Entradas, salidas y tarifas de transacción conforman las tres partes principales de una transacción de bitcoin.

La fuente de los bitcoins que se están intercambiando se llama la entrada. Las referencias a transacciones anteriores en las que el remitente recibió bitcoins se conocen como entradas en una transacción de Bitcoin. Frecuentemente, se utiliza una firma criptográfica para desbloquear las entradas y establecer la propiedad de los bitcoins que se están utilizando.

El destino final de los bitcoins que se envían está representado por las salidas. La cantidad de bitcoins que se envían y la dirección de Bitcoin del destinatario se especifican en cada salida. El destinatario debe tener la clave privada correspondiente para gastar los bitcoins recibidos en una salida.

Frecuentemente, el remitente paga una modesta tarifa en las transacciones de Bitcoin para incentivar a los mineros a incluir la transacción en un bloque. Los tiempos de confirmación más rápidos suelen ser el resultado de tarifas de transacción más altas, ya que los mineros priorizan las transacciones con tarifas más altas.

Antes de que una transacción de bitcoin sea considerada oficial, primero debe pasar por un proceso de verificación y confirmación.

Cada transacción se verifica para asegurarse de que los insumos utilizados sean legítimos y que el remitente tenga los derechos de propiedad adecuados. Los nodos de la red de Bitcoin llevan a cabo esta verificación al comparar la transacción con las pautas del protocolo.

Una transacción se añade al blockchain y se coloca en un bloque una vez que ha sido confirmada. Para validar transacciones y añadirlas a bloques, los mineros, que aportan poder computacional a la red, compiten para resolver problemas matemáticos desafiantes.

Una transacción se vuelve más segura e irreversible a medida que recibe más confirmaciones.

En comparación con los sistemas bancarios convencionales, las transacciones de bitcoin tienen varias ventajas. Debido a que las transacciones de Bitcoin tienen lugar en una red descentralizada, no hay necesidad de intermediarios como los bancos. Esta descentralización garantiza una mayor transparencia, reduce la dependencia de instituciones centralizadas y permite transacciones directas de persona a persona.

Especialmente en comparación con las transferencias transfronterizas convencionales que pueden llevar varios días, las transacciones de bitcoin pueden completarse rápidamente. Independientemente de las limitaciones geográficas, la naturaleza global de la red de Bitcoin permite transacciones fluidas y casi inmediatas.

En comparación con los métodos de pago convencionales, las transacciones de bitcoin suelen tener tarifas de transacción reducidas con frecuencia. Las tarifas de transacción suelen ser más económicas que las cobradas por intermediarios financieros convencionales, aunque pueden variar según la congestión de la red y otras razones.

Las transacciones con bitcoin pueden presentar dificultades y limitaciones. La capacidad de escalabilidad de la red de Bitcoin ha sido motivo de discusión. A medida que aumenta el número de transacciones, la capacidad de la red para gestionar un alto volumen de transacciones enfrenta desafíos. Soluciones como la Lightning Network buscan superar problemas de escalabilidad al permitir transacciones fuera de la cadena.

Las transacciones pueden encontrar dificultades debido a la fluctuación del precio de Bitcoin, especialmente si hay un largo retraso entre el inicio de una transacción y su confirmación. El valor transaccional final puede verse afectado por discrepancias de precio causadas por la variación del valor de los bitcoins.

Las consideraciones para las transacciones de Bitcoin surgen debido al cambiante entorno normativo en torno a las criptomonedas. Diferentes jurisdicciones tienen diferentes niveles de cumplimiento con las leyes contra el lavado de dinero (AML) y conoce a tu cliente (KYC), lo cual puede afectar la facilidad de uso de Bitcoin para transacciones.

Las transacciones en la red de Bitcoin tienen un impacto significativo en la dirección de las finanzas.

Inclusión Financiera. Las poblaciones no bancarizadas y subbancarizadas en todo el mundo tienen acceso a servicios financieros gracias a las transacciones de bitcoin. Bitcoin fomenta la inclusión financiera y brinda a las personas un mayor control sobre sus vidas financieras al permitir realizar transacciones de forma digital sin la necesidad de una cuenta bancaria convencional.

Desintermediación. Al eliminar intermediarios y permitir transacciones directas de persona a persona, las transacciones de bitcoin ponen bajo presión al sistema financiero tradicional. Para personas y empresas, esta desintermediación puede resultar en costos más bajos, mayor eficiencia y una mayor independencia financiera.

Utilizando la tecnología blockchain. La cadena de bloques, un libro de contabilidad descentralizado e inmutable, es donde se registran las transacciones de bitcoin. Más allá de las criptomonedas, la tecnología blockchain subyacente tiene beneficios potenciales en la gestión de la cadena de suministro, la verificación de identidad y los contratos inteligentes. La aplicación de la tecnología blockchain en diversas industrias podría mejorar significativamente la velocidad y seguridad de las transacciones.

La forma en que concebimos el intercambio digital ha cambiado como resultado de las transacciones de bitcoin. Las transacciones de bitcoin presentan una sólida alternativa a los sistemas bancarios convencionales debido a su naturaleza descentralizada, rapidez, eficiencia y costos más bajos. Sin embargo, para aprovechar completamente las transacciones de bitcoin, deben resolverse problemas relacionados con la escalabilidad, la volatilidad y los contextos regulatorios.

Las implicaciones para el futuro de las finanzas son significativas a medida que Bitcoin y la tecnología blockchain se desarrollan. La inclusión financiera es posible gracias a las transacciones de bitcoin, que también eliminan la necesidad de intermediarios tradicionales y abren la puerta a usos creativos de la tecnología blockchain. Abrazar las oportunidades proporcionadas por las transacciones de Bitcoin puede dar lugar a un ecosistema financiero más inclusivo, eficiente y descentralizado.

Usar Bitcoin para Bienes y Servicios

La primera criptomoneda, Bitcoin, ha suscitado mucho interés tanto como reserva de valor como medio de intercambio para bienes y servicios. Esta sección examina la creciente práctica de utilizar Bitcoin como forma de pago, analizando sus beneficios en comparación con los métodos de pago establecidos, sus inconvenientes y posibles efectos futuros en el comercio.

Bitcoin se presenta como una opción deseable para realizar transacciones digitales debido a su estructura descentralizada y seguridad criptográfica. Bitcoin está siendo cada vez más aceptado como forma de pago por comerciantes y clientes, creando nuevas oportunidades para el comercio en línea.

Cuando se utiliza para pagar bienes y servicios, bitcoin presenta diversos beneficios, incluyendo:

Bitcoin permite realizar transacciones directas de persona a persona sin necesidad de intermediarios como bancos o procesadores de pago. Esta descentralización aumenta el control sobre las transacciones financieras al tiempo que reduce los costos de transacción. Realizar transacciones directas entre personas mejora la privacidad y elimina la necesidad de confianza en terceros.

Bitcoin trasciende las fronteras nacionales y permite el comercio internacional sin el uso de instituciones bancarias convencionales o conversión de moneda. Esta accesibilidad facilita la realización de negocios a nivel internacional y brinda a consumidores y empresas acceso a nuevos mercados. Bitcoin fomenta la inclusión financiera al posibilitar que personas en áreas desatendidas participen en la economía global.

Al comparar las transacciones de bitcoin con métodos de pago más convencionales, suelen ser más rápidas y eficientes. Un acuerdo casi instantáneo es posible gracias al uso de algoritmos criptográficos y la naturaleza descentralizada de la red de Bitcoin, lo cual elimina los retrasos asociados a las transferencias bancarias convencionales. Esta eficiencia y rapidez son especialmente útiles en el contexto del comercio en línea, donde las transacciones rápidas son esenciales.

En comparación con los métodos de pago convencionales, las transacciones de Bitcoin suelen tener tarifas reducidas, especialmente para compras internacionales. Debido a la ausencia de intermediarios y a la descentralización de la red, los gastos se reducen, lo que beneficia tanto a consumidores como a empresas. Los comerciantes pueden ofrecer precios más competitivos y trasladar cualquier ahorro de costos a sus clientes cuando las tarifas de transacción son más bajas.

Si bien hay muchos beneficios al utilizar Bitcoin para bienes y servicios, también existen algunas dificultades y aspectos a tener en cuenta:

La fluctuación del precio de bitcoin presenta problemas tanto para los consumidores como para las empresas. Puede ser difícil estimar el valor preciso de productos y servicios en el momento de la transacción debido al cambio en el valor de Bitcoin, lo que puede causar inconsistencias de precios. Los comerciantes pueden optar por reducir este riesgo al cambiar instantáneamente los bitcoins recibidos a moneda fiduciaria para evitar posibles pérdidas.

Aunque el número de negocios que aceptan Bitcoin está aumentando, sigue siendo pequeño en comparación con otros métodos de pago. La aceptación generalizada y el uso de Bitcoin en el comercio regular dependen de la adopción por parte de los comerciantes. Ampliar la aceptación por parte de los comerciantes y construir un ecosistema sólido requiere superar barreras que incluyen la integración técnica, las preocupaciones sobre la volatilidad y el cumplimiento normativo.

Para promover una mayor aceptación, la interfaz de usuario para utilizar Bitcoin en transacciones debe simplificarse y ser amigable. La experiencia del usuario mejorará si se simplifican los procedimientos para crear billeteras de Bitcoin, enviar dinero y asegurarse de que las transacciones sean seguras. La confianza y familiaridad del consumidor pueden aumentar al utilizar productos e interfaces que sean fáciles de usar.

Un problema para emplear Bitcoin en el comercio es el entorno normativo constantemente cambiante en torno a las criptomonedas. El grado en que se sigan los requisitos contra el lavado de dinero (AML) y conoce a tu cliente (KYC) puede variar entre jurisdicciones y afectar la facilidad de realizar transacciones con bitcoin. Se puede lograr una mayor aceptación y confianza en Bitcoin como mecanismo de pago mediante la armonización de marcos regulatorios y fomentando la transparencia.

El futuro del comercio se verá significativamente impactado por el uso de Bitcoin para bienes y servicios:

Bitcoin brinda acceso a servicios financieros a nivel mundial a personas no bancarizadas. Bitcoin fomenta la inclusión financiera y otorga a las personas un mayor control sobre sus vidas financieras al hacer posible realizar transacciones digitales sin la necesidad de una cuenta bancaria convencional. Esta inclusión puede promover la expansión económica y disminuir las desigualdades.

El comercio internacional podría ser revolucionado por Bitcoin debido a su uso universal y capacidad para realizar transacciones transfronterizas sin utilizar los sistemas bancarios existentes ni la conversión de moneda. Elimina barreras, facilita las transacciones y brinda a las empresas acceso a nuevos mercados. Con el uso de Bitcoin, tanto individuos como empresas pueden realizar negocios transfronterizos, aumentando oportunidades y promoviendo la integración económica.

La tecnología peer-to-peer, como Bitcoin, pone a prueba a intermediarios financieros tradicionales como bancos y procesadores de pago. Bitcoin promueve la eficacia del comercio al permitir transacciones directas entre participantes, lo que reduce la dependencia de intermediarios y disminuye los costos. Tanto para empresas como para clientes, esta desintermediación puede resultar en una mayor eficiencia financiera e independencia.

Los avances tecnológicos en el sector bancario han sido impulsados por el uso de Bitcoin como método de pago. Más allá de las criptomonedas, la tecnología subyacente de la cadena de bloques tiene beneficios potenciales en la gestión de la cadena de suministro, la verificación de identidad digital y las finanzas descentralizadas. Estos desarrollos podrían revolucionar las prácticas comerciales actuales y mejorar la seguridad, eficiencia y transparencia.

Debido a sus beneficios en términos de descentralización, accesibilidad, velocidad y menores costos de transacción, el uso de Bitcoin para bienes y servicios se está volviendo más popular. Aunque existen dificultades, como la volatilidad de precios, la adopción por parte de los comerciantes, la experiencia del usuario y el cumplimiento normativo, los efectos potenciales en el comercio son significativos.

Abordar estos problemas es crucial a medida que Bitcoin y otras monedas digitales se desarrollan con el fin de crear un ambiente que fomente su uso y aceptación generalizados. Bitcoin tiene el potencial de revolucionar la forma en que las personas acceden a servicios financieros, posibilitar el comercio sin fronteras, eliminar la necesidad de intermediarios establecidos y estimular el avance tecnológico. Bitcoin tiene la capacidad de transformar la naturaleza del comercio internacional, empoderando tanto a personas como a empresas, con una innovación y cooperación sostenidas.

CAPITULO
V
La Economía de Bitcoin

Bitcoin Como Inversión

La primera criptomoneda, Bitcoin, ha suscitado mucho interés al ser tanto una oportunidad de inversión atractiva como una moneda digital. En esta sección se exploran los aspectos mecánicos de Bitcoin como inversión, junto con su rendimiento histórico, los determinantes de su valor, los factores de riesgo y las implicaciones de su surgimiento como una nueva clase de activos.

El camino de Bitcoin como inversión se ha caracterizado por una extraordinaria volatilidad y un notable crecimiento en su precio. Bitcoin ha atravesado varios ciclos de auge y caída desde su lanzamiento en 2009, captando la atención de inversores de todo el mundo.

Antes de 2013, cuando experimentó su primer aumento significativo de precio y superó inicialmente los $1,000, Bitcoin se negociaba a una fracción de centavo y permanecía comparativamente estable. El precio de bitcoin mostraba una alta volatilidad, con grandes fluctuaciones en el precio que ocurrían repentinamente. Un punto de inflexión destacado fue la corrida alcista de 2017, durante la cual Bitcoin alcanzó un máximo histórico de más de $20,000 antes de corregirse.

El valor y atractivo de inversión de Bitcoin están influenciados por varios factores importantes. En primer lugar, uno de los componentes fundamentales de la propuesta de valor de Bitcoin es su oferta finita. Debido a que el número total de bitcoins está limitado a 21 millones, hay una sensación de escasez digital similar a la de metales valiosos como el oro. Los precios pueden aumentar como resultado de la oferta limitada y la creciente demanda.

En segundo lugar, la adopción de la red y la base de usuarios de Bitcoin tienen un impacto en su valor. La utilidad y el valor de Bitcoin como dinero digital y activo financiero aumentan a medida que más personas, organizaciones y empresas lo aceptan. Una red más grande mejora la seguridad de la red, la liquidez y la propuesta de valor general, lo que contribuye a un ciclo de retroalimentación positiva.

Finalmente, la dinámica del precio de Bitcoin está significativamente influenciada por el sentimiento del mercado y la actividad especulativa. Un sentimiento alcista puede ser generado por buenas noticias, cambios regulatorios, aceptación institucional y tendencias del mercado, lo que aumentará la demanda y elevará los precios. Por otro lado, noticias desfavorables o acciones gubernamentales pueden fomentar un sentimiento pesimista y provocar correcciones de precios.

Los inversores deben considerar cuidadosamente los riesgos antes de realizar una inversión en Bitcoin. En primer lugar, un atributo notable de Bitcoin que tiene el potencial de causar ganancias o pérdidas sustanciales es su volatilidad de precios. Dado que los cambios bruscos de precio pueden ocurrir rápidamente, invertir en bitcoin conlleva un alto riesgo pero un tremendo potencial de retorno. Se recomienda que los inversores estén preparados para cambios de precios y posibles pérdidas a corto plazo.

En segundo lugar, todavía existe incertidumbre y posibilidad de cambios en el entorno normativo que rodea a las criptomonedas. Actos regulatorios, como limitaciones, prohibiciones o regulaciones desfavorables, pueden tener un efecto en el valor y la legitimidad de las inversiones en Bitcoin. Los inversores deben estar atentos a los cambios regulatorios y considerar cómo podrían afectar sus planes de inversión.

En tercer lugar, existen riesgos de seguridad asociados con la posesión y el uso de bitcoin en transacciones. Los activos de Bitcoin pueden ser robados o destruidos como resultado de ciberataques, incidentes de piratería y la pérdida de claves privadas. Para reducir estos riesgos, los inversores deben emplear medidas de seguridad sólidas, como el uso de billeteras seguras y la implementación de sistemas de respaldo y almacenamiento adecuados.

La introducción de bitcoin como una clase de activo tiene repercusiones significativas para el sector financiero y el entorno de inversión. En primer lugar, Bitcoin podría ayudar a diversificar las carteras de inversión típicas. Es una adición deseable a una cartera con una amplia gama de inversiones debido a su baja correlación con activos tradicionales. La incorporación de Bitcoin a una cartera puede mejorar los rendimientos ajustados al riesgo y reducir la volatilidad general.

En segundo lugar, la estructura descentralizada y la oferta limitada de Bitcoin lo convierten en una posible protección contra la inflación. Los inversores pueden buscar alternativas como reserva de valor como resultado de decisiones de política monetaria tomadas por bancos centrales y presiones inflacionarias. Para los inversores preocupados por los efectos de la inflación, la oferta limitada y la naturaleza descentralizada de Bitcoin lo convierten en una atractiva opción de inversión.

En tercer lugar, adquirir Bitcoin implica participar en una revolución tecnológica, así como en una oportunidad financiera. Más allá del sector financiero, la tecnología subyacente de la cadena de bloques tiene el potencial de revolucionar numerosas otras industrias. La financiación descentralizada, los contratos inteligentes y las identidades digitales son posibles gracias a la aparición de Bitcoin como una clase de inversión.

El desarrollo de bitcoin como un activo de inversión ha estado marcado por la volatilidad, el crecimiento y el creciente interés institucional. La propuesta de valor de este activo como inversión está influenciada por su oferta limitada, la adopción de la red y su naturaleza especulativa. Los riesgos relacionados con Bitcoin, como la volatilidad de precios, la incertidumbre regulatoria y las amenazas de ciberseguridad, deben ser cuidadosamente considerados por los inversores.

La aparición de bitcoin como una nueva clase de activo tiene importantes implicaciones para el entorno de inversión. Ofrece la posibilidad de diversificación de cartera, protección contra la inflación y participación en el avance tecnológico. La importancia de Bitcoin como activo de inversión es probable que aumente a medida que el mercado se desarrolle y los marcos regulatorios cambien.

Para invertir en Bitcoin, se debe tener un profundo entendimiento de lo que lo hace especial, practicar una gestión de riesgos cuidadosa y tener una perspectiva a largo plazo. Los inversores pueden posiblemente participar en esta revolución digital y

descubrir los beneficios potenciales de esta clase de activos
emergente al navegar por las oportunidades y riesgos asociados con
Bitcoin.

Bitcoin como Reserva de Valor

La primera criptomoneda, Bitcoin, se ha consolidado como una
clase de activo intrigante que cuestiona la idea de una reserva de
valor. Esta sección explora la idea de utilizar Bitcoin como una
reserva de valor al examinar sus características, rendimiento
histórico, impulsores subyacentes de valor, similitudes con reservas
de valor convencionales y las consecuencias del surgimiento de
Bitcoin como un oro digital.

Debido a sus características distintivas, Bitcoin ha suscitado interés
como una posible reserva de valor. Con su oferta limitada a 21
millones de monedas, la propuesta de valor de Bitcoin se basa
fundamentalmente en la escasez, similar a la escasez encontrada en
commodities preciosos como el oro. Debido a su escasez
predefinida y resistencia a la presión inflacionaria, es deseable
como reserva de valor. Además, la descentralización de Bitcoin
garantiza que funcione en una red libre de control por parte de
cualquier autoridad central, mejorando su confiabilidad e
inmutabilidad. Bitcoin es una reserva segura de riqueza gracias a las
precauciones de seguridad implementadas mediante algoritmos
criptográficos y la tecnología subyacente de la cadena de bloques.
Por último, la accesibilidad de Bitcoin permite a las personas
mantener y transferir valor digitalmente sin necesidad de

intermediarios, superando barreras geográficas y brindando a las poblaciones no bancarizadas acceso al sistema financiero.

Un rendimiento caracterizado por una notable volatilidad y un crecimiento de precios impresionante ha definido la actuación de Bitcoin como una reserva de valor. Los primeros años de Bitcoin vieron una actividad comercial mínima y una volatilidad de precios mínima. Sin embargo, a medida que creció el interés, el precio de Bitcoin comenzó a aumentar, atrayendo a inversores que buscaban una reserva de valor fuera de los sistemas financieros convencionales. A lo largo de su historia, el precio de Bitcoin ha mostrado una notable volatilidad, con rápidas fluctuaciones de precios y correcciones significativas. Bitcoin ha demostrado una apreciación a largo plazo, superando a reservas de valor convencionales como el oro y las acciones a lo largo de su existencia a pesar de las fluctuaciones a corto plazo.

El valor de Bitcoin como reserva de valor está influenciado por varios aspectos importantes. Un factor crucial que garantiza la escasez y evita la dilución del valor es su oferta limitada. Bitcoin proporciona una alternativa a las monedas fiduciarias que son susceptibles a presiones inflacionarias, con una cantidad máxima de 21 millones de monedas. La adopción de su red y base de usuarios también afecta al valor de Bitcoin. La utilidad y el valor de Bitcoin como reserva de valor crecen a medida que más personas, organizaciones y empresas lo utilizan. Los efectos de red mejoran la seguridad, liquidez y propuesta de valor general de una red más grande. Además, variables macroeconómicas como la política monetaria, tensiones geopolíticas e inestabilidad económica general pueden afectar el valor de Bitcoin como reserva de valor. Algunos inversores utilizan Bitcoin como cobertura contra las instituciones bancarias establecidas durante la inestabilidad económica.

El ascenso de Bitcoin como reserva de valor ha provocado comparaciones con reservas de valor más convencionales. Bitcoin y el oro, que a menudo se considera la mejor reserva de valor, son comparables. Ambos activos se ven como reservas de valor porque son descentralizados, no están bajo el control de una entidad única y no son centralizados. Sin embargo, Bitcoin tiene ventajas en términos de comodidad de almacenamiento, transferibilidad y divisibilidad. Por el contrario, las monedas fiduciarias pueden estar sujetas a regulación gubernamental y presiones inflacionarias, lo que hace que Bitcoin sea una alternativa deseable como reserva de valor fuera de los sistemas financieros convencionales.

El desarrollo de Bitcoin como un oro digital tendrá un impacto significativo en el sector financiero y en el panorama de inversiones. Debido a su baja correlación con activos tradicionales, incluir Bitcoin en carteras de inversión tiene el potencial de aumentar los rendimientos ajustados al riesgo y reducir la volatilidad general de la cartera. Gracias a su escasez y naturaleza descentralizada, Bitcoin puede funcionar como una reserva de valor que proporciona independencia financiera y una posible cobertura contra la inflación. Además, el ascenso de Bitcoin como una especie de oro digital fomenta el avance tecnológico, allanando el camino para usos revolucionarios de la tecnología de cadena de bloques fuera del sector financiero.

Las cualidades distintivas de bitcoin, como su escasez, descentralización, seguridad y accesibilidad, lo colocan en una posición para ser una potencial reserva de valor. Su potencial como oro digital se destaca por su rendimiento histórico, comparaciones con reservas de valor convencionales y factores subyacentes que determinan su valor. Los efectos de Bitcoin en el sector financiero y en el entorno de inversión son significativos a medida que continúa desarrollándose y ganando aceptación. Los inversores deben ser conscientes de las características y riesgos de utilizar Bitcoin como reserva de valor para navegar por el potencial y las dificultades planteadas por esta nueva clase de activos. Aceptar Bitcoin como una forma de oro digital abre nuevas posibilidades para proteger y mantener el valor en la era digital en rápida evolución.

Impacto de Bitcoin en la Economía Global

La primera criptomoneda, Bitcoin, se ha convertido en una fuerza disruptiva en la economía global, desafiando estructuras financieras establecidas y cambiando la forma en que las personas piensan y intercambian valor. Esta sección investiga cómo Bitcoin está afectando la economía mundial. Examina cómo funciona como una moneda digital descentralizada, cómo afecta a los sistemas financieros, cómo podría usarse como reserva de valor, cómo afecta al comercio internacional y qué oportunidades y problemas plantea para los organismos gubernamentales.

La función de Bitcoin como moneda digital descentralizada está en el corazón de su influencia en la economía mundial. Bitcoin opera en una red peer-to-peer sin la influencia de ninguna autoridad central, a diferencia de las monedas fiduciarias convencionales que son gestionadas por bancos centrales. La descentralización tiene varias ventajas. En primer lugar, fomenta la inclusión financiera al dar acceso a la economía global a personas que no pueden utilizar instituciones bancarias tradicionales. En segundo lugar, al eliminar intermediarios y permitir transacciones directas entre pares, Bitcoin reduce los costos de transacción, fomentando el crecimiento económico y facilitando las remesas. Por último, ofrece soberanía financiera, permitiendo que las personas interactúen libremente sin estar limitadas o sujetas a reglas impuestas por autoridades centralizadas.

El potencial disruptivo de Bitcoin va más allá de su uso como reserva de valor. La cadena de bloques, la tecnología subyacente, tiene el potencial de alterar muchas facetas de los sistemas financieros. En primer lugar, las transacciones pueden realizarse de manera segura y transparente gracias a la cadena de bloques, un libro contable descentralizado e inmutable. Podría revolucionar la gestión de la cadena de suministro, reducir el fraude en instituciones financieras, aumentar la transparencia en las operaciones gubernamentales y simplificar los procesos de pago. En segundo lugar, al permitir transacciones directas entre pares, Bitcoin desafía el papel convencional de intermediarios como bancos y procesadores de pagos. Tanto para individuos como para empresas, esta desintermediación puede resultar en menores costos de transacción, pagos más rápidos y una mayor independencia financiera.

Para inversores y la economía global, el ascenso de Bitcoin como reserva de valor trae nuevas oportunidades y desafíos. Debido a su escasez y potencial como cobertura contra la inflación, Bitcoin se compara con frecuencia, en primer lugar, con el oro. Debido a su oferta limitada y creciente popularidad, tiene el potencial de ser una reserva de valor que puede mantener su poder adquisitivo con el tiempo. Los inversores que buscan alternativas a reservas de valor establecidas se sienten atraídos por esta narrativa del oro digital. En segundo lugar, Bitcoin es una adición deseable a las carteras financieras debido a su correlación mínima con activos convencionales. Su inclusión podría mejorar la diversificación de la cartera, reducir el riesgo y aumentar posibles ganancias. Sin embargo, debido a su volatilidad, Bitcoin requiere una gestión cuidadosa del riesgo, así como la consideración de los objetivos individuales de inversión.

El comercio global podría verse afectado por la capacidad de Bitcoin para realizar transacciones transfronterizas y su naturaleza sin fronteras. En primer lugar, al facilitar transacciones transfronterizas rápidas y económicas sin depender de intermediarios convencionales, Bitcoin puede agilizar los procedimientos de remesas. Esto podría reducir considerablemente el costo de las remesas, especialmente para personas en países en desarrollo que dependen en gran medida de ellas para una parte importante de sus ingresos. En segundo lugar, al eliminar la necesidad de complicados y costosos procedimientos de divisas extranjeras, la capacidad de Bitcoin para facilitar transacciones transfronterizas puede impulsar el comercio internacional. Permite a las empresas hacer negocios directamente con competidores extranjeros, reduciendo barreras y aumentando la eficiencia en el comercio global.

Los gobiernos y las organizaciones reguladoras tienen tanto oportunidades como desafíos como resultado de la naturaleza disruptiva de Bitcoin. En primer lugar, la naturaleza descentralizada de Bitcoin desafía los marcos regulatorios convencionales. Los gobiernos trabajan para equilibrar las necesidades de proteger a los ciudadanos, prevenir actividades ilegales y fomentar la innovación. Es esencial crear marcos regulatorios adecuados que reduzcan los riesgos sin limitar la innovación. En segundo lugar, las organizaciones reguladoras deben monitorear de cerca la volatilidad de Bitcoin y su posible impacto en la estabilidad financiera. Los riesgos sistémicos relacionados con Bitcoin y su interacción con los sistemas financieros establecidos deben ser evaluados y gestionados por bancos centrales e instituciones financieras. Además, la naturaleza seudónima de Bitcoin dificulta la aplicación de impuestos y el cumplimiento contra el lavado de dinero (AML). Los gobiernos están creando políticas para abordar las preocupaciones de AML y garantizar que las transacciones de Bitcoin estén adecuadamente gravadas, logrando un equilibrio entre transparencia y privacidad.

En cuanto a su función como moneda digital descentralizada, su influencia en los sistemas financieros, su potencial como reserva de valor, su impacto en las transacciones transfronterizas y las oportunidades y desafíos que presenta para gobiernos y organismos reguladores, Bitcoin tiene una amplia gama de impactos en la economía mundial. No se puede pasar por alto el potencial transformador de Bitcoin en fomentar la innovación, expandir la inclusión financiera y reducir los costos de transacción a medida que continúa desarrollándose y ganando popularidad. Sin embargo, navegar en este nuevo paradigma requiere prestar considerable atención a los riesgos, requisitos legislativos y estrategias éticas de inversión. Como resultado de la interrupción de Bitcoin en los sistemas financieros establecidos, ahora es posible una economía global más inclusiva, efectiva y segura. Aprovechar el potencial de Bitcoin e influir en el futuro de las finanzas requiere tanto aprovechar las oportunidades como abordar los problemas que presenta.

Factores de riesgo y volatilidad

La criptomoneda pionera, Bitcoin, ha atraído a inversores y entusiastas de todo el mundo en los últimos años debido a su creciente popularidad. Sin embargo, comprender los riesgos y la volatilidad de Bitcoin es esencial para aquellos que buscan involucrarse con este activo digital debido a sus rápidas fluctuaciones de precios e incertidumbres inherentes. En esta sección se investigan las consideraciones de riesgo relacionadas con Bitcoin, junto con las causas de su volatilidad, las implicaciones para los inversores y consejos para negociar el terreno incierto de las inversiones en Bitcoin.

La volatilidad del precio de Bitcoin es una de las principales preocupaciones de riesgo. El precio de Bitcoin es conocido por experimentar cambios grandes que pueden ocurrir rápidamente.

Varios factores, incluyendo el sentimiento del mercado, actualizaciones regulatorias, desarrollos macroeconómicos y otros eventos imprevistos, son responsables de esta volatilidad. Debido al potencial de ganancias o pérdidas sustanciales, el constante cambio del mercado ofrece a los inversores tanto oportunidades como riesgos.

El entorno regulatorio que rodea a Bitcoin debe tenerse en cuenta como otro factor de riesgo. Diferentes naciones han implementado diversas estrategias para regular las criptomonedas, desde marcos permisivos hasta regulaciones más estrictas o prohibiciones directas. Los inversores están expuestos a riesgos adicionales como resultado de cambios regulatorios o un estado legal incierto, lo que puede tener un impacto significativo en el valor de Bitcoin y el sentimiento del mercado.

Bitcoin está sujeto a problemas de ciberseguridad y hacking debido a su naturaleza digital. La infraestructura que respalda a Bitcoin, como las plataformas de intercambio y las billeteras, puede ser objeto de intentos de hacking, aunque la tecnología subyacente de la cadena de bloques sea segura. Las brechas de seguridad pueden provocar pérdidas financieras y una disminución de la confianza del inversor.

Además, Bitcoin es vulnerable a la manipulación del mercado debido a su estructura de mercado descentralizada y relativamente nueva. Los precios pueden ser afectados y se puede generar volatilidad artificial mediante operaciones comerciales coordinadas o acciones de inversores con grandes cantidades de activos (conocidos como "ballenas"). Los inversores pueden ser engañados por estas técnicas engañosas, lo que puede resultar en pérdidas significativas.

Numerosos factores contribuyen a la volatilidad de bitcoin, lo que a su vez provoca sus dinámicas fluctuaciones de precios. La liquidez del mercado es un elemento que afecta a su volatilidad. Debido a su tamaño de mercado menor en comparación con clases de activos más establecidas, las fluctuaciones de precios de Bitcoin pueden ser bastante grandes. Los mercados ilíquidos pueden aumentar la volatilidad y son más vulnerables a la manipulación de precios.

Otro factor importante que contribuye a la volatilidad de Bitcoin es su naturaleza especulativa. Es difícil estimar el valor justo de Bitcoin porque hay evidencia histórica limitada y no tiene un valor intrínseco. Los cambios de precio pueden ser amplificados y la volatilidad aumentada por la compra y venta especulativa, que está motivada por el sentimiento de los inversores y la especulación del mercado.

La volatilidad en torno a Bitcoin también está influenciada por el sentimiento del mercado y las noticias. Cambios significativos en el precio pueden resultar tanto de noticias positivas como negativas, como cambios en regulaciones, avances tecnológicos o inversiones institucionales significativas. La respuesta del mercado a tales noticias puede aumentar la volatilidad porque el sentimiento puede cambiar rápidamente.

Además, es difícil aplicar indicadores de riesgo convencionales dada la naturaleza descentralizada y características distintivas de Bitcoin. Bitcoin puede no corresponder exactamente al análisis fundamental, como cuentas financieras o indicadores económicos. La ausencia de metodologías bien establecidas para la evaluación del riesgo aumenta la incertidumbre y volatilidad del activo.

La volatilidad y el riesgo asociados con bitcoin tienen efectos significativos en los inversores. Por otro lado, la volatilidad ofrece oportunidades para obtener beneficios significativos. Para los inversores que temporizan adecuadamente sus puntos de entrada y salida, los movimientos rápidos en el mercado pueden llevar a rendimientos significativos. Sin embargo, debido a los riesgos aumentados asociados con este potencial de beneficio, la gestión de riesgos debe considerarse cuidadosamente.

En comparación con otras clases de activos, invertir en Bitcoin expone a las personas a más riesgos. Si no se implementan métodos adecuados de mitigación de riesgos, las bruscas caídas de precios que pueden ocurrir con la volatilidad de Bitcoin pueden dar lugar a pérdidas sustanciales. Los inversores deben estar dispuestos a asumir los riesgos inherentes a Bitcoin y tener en cuenta su tolerancia al riesgo.

Los inversores pueden utilizar una variedad de tácticas para navegar por la imprevisibilidad generada por los factores de riesgo y la volatilidad asociada con Bitcoin. En primer lugar, la educación y la investigación son cruciales. Los inversores deben dedicar el tiempo necesario para informarse sobre Bitcoin, su tecnología subyacente y las variables que afectan su valor. Tomar decisiones informadas requiere una investigación exhaustiva, seguir noticias y eventos, y ser conscientes de los riesgos involucrados.

Al realizar una inversión en bitcoin, se deben implementar medidas de gestión de riesgos. Esto implica establecer objetivos de inversión claros, determinar niveles de tolerancia al riesgo, diversificar la cartera y utilizar órdenes de stop-loss para limitar posibles pérdidas. Los inversores pueden preservar su patrimonio y reducir posibles pérdidas al gestionar cuidadosamente los riesgos.

Al lidiar con la volatilidad a corto plazo de Bitcoin, es crucial tener en cuenta la visión general. Los inversores pueden soportar la volatilidad a corto plazo y mantener su atención en la imagen más amplia al apreciar el potencial de Bitcoin como una tecnología disruptiva y un depósito de valor. Las fluctuaciones de precios a corto plazo pueden disminuir mediante la perseverancia y una perspectiva a largo plazo.

Y finalmente, ayuda obtener orientación y asesoramiento profesional al navegar por las complejidades del mercado de Bitcoin. Los expertos financieros con enfoque en inversiones en bitcoin pueden ofrecer consejos perspicaces. Los inversores pueden informarse sobre los riesgos involucrados y desarrollar estrategias específicas para sus objetivos financieros gracias a sus conocimientos.

Riesgos y volatilidad están inherentemente presentes en la naturaleza de la moneda digital conocida como bitcoin. Para aquellos que realizan inversiones en Bitcoin, es esencial entender y gestionar estos riesgos. La incertidumbre alrededor de Bitcoin se debe en gran medida a la volatilidad del precio, al entorno regulatorio, a problemas de ciberseguridad y a la manipulación del mercado.

Aunque Bitcoin ofrece oportunidades para la diversificación de carteras y posibles beneficios, los inversionistas deben ser conscientes del mayor riesgo involucrado. Los inversionistas pueden negociar los riesgos del mercado de Bitcoin y potencialmente obtener beneficios de su potencial disruptivo al educarse, implementar métodos de gestión de riesgos, mantener una perspectiva a largo plazo y obtener ayuda profesional.

Para aprovechar los beneficios proporcionados por Bitcoin y reducir los riesgos asociados, será esencial una gestión de riesgos sensata y decisiones informadas a medida que el mercado de criptomonedas continúe desarrollándose. Debido a los factores de riesgo y la volatilidad asociados con Bitcoin, los inversores deben adaptarse a las dinámicas distintivas de la frontera digital.

CAPITULO
VI
Aspectos Legales y
Regulatorios de Bitcoin

Panorama Regulatorio Global

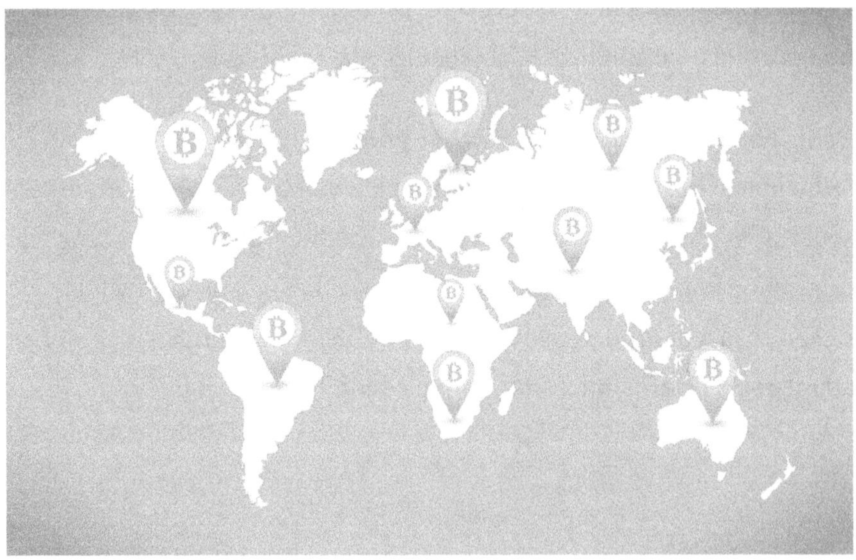

Los marcos regulatorios tradicionales se han enfrentado a desafíos significativos como resultado del surgimiento de Bitcoin, la primera criptomoneda. Gobiernos y agencias regulatorias de todo el mundo están debatiendo cómo controlar este activo digital descentralizado a medida que la aceptación y atracción de Bitcoin continúan en aumento. En esta sección, se explora el entorno regulatorio global para Bitcoin, prestando especial atención a los enfoques adoptados por diversas naciones, las dificultades enfrentadas por los reguladores y las implicaciones para la dirección de la gobernanza financiera digital en el futuro.

La regulación de Bitcoin varía enormemente entre las naciones, reflejando una amplia gama de enfoques. Algunos países han aceptado Bitcoin e implementado marcos legislativos que brindan claridad a los usuarios y empresas. Ejemplos de naciones con regulaciones favorables que se centran en la protección del consumidor, procedimientos contra el lavado de dinero (AML) y cumplimiento normativo incluyen Estados Unidos, Japón y Suiza.

Sin embargo, varias naciones han adoptado un enfoque más cauteloso, vigilando la actividad de Bitcoin sin imponer regulaciones estrictas. Este grupo incluye a la Unión Europea, Canadá y Australia, todos los cuales prefieren esperar hasta tener más información sobre el desarrollo y los riesgos potenciales de las criptomonedas antes de crear marcos regulatorios exhaustivos.

Mientras esto sucede, algunas naciones han optado por tomar medidas más estrictas, prohibiendo o regulando las criptomonedas. Por ejemplo, países como China, India y Bolivia han adoptado políticas que limitan o prohíben completamente actividades relacionadas con Bitcoin, como intercambios de criptomonedas y ofertas iniciales de monedas (ICOs).

Los gobiernos y los organismos reguladores enfrentan dificultades y consideraciones particulares cuando se trata de regular Bitcoin. La falta de consistencia entre jurisdicciones es uno de los principales problemas. La estructura descentralizada de Bitcoin dificulta la promulgación de legislación consistente en todo el mundo. Las inconsistencias y el arbitraje jurisdiccional pueden resultar de diferentes enfoques regulatorios, lo que podría dar lugar a lagunas o conflictos regulatorios.

Además, los reguladores siguen enfrentando dificultades debido al rápido desarrollo de Bitcoin y la tecnología blockchain. La velocidad del desarrollo tecnológico y sus efectos supera la capacidad de los reguladores para mantenerse al día. Los reguladores deben ser proactivos y visionarios para modificar las regulaciones y abordar nuevas preocupaciones y casos de uso de criptomonedas.

Otro factor crucial para los reguladores es lograr un equilibrio entre la innovación y la protección del consumidor. Deben equilibrar la protección de los intereses de los consumidores y la prevención de actividades ilegales, al tiempo que respaldan la innovación en el sector de la banca digital. La creación de marcos regulatorios que fomenten la innovación responsable, el monitoreo constante del mercado y la participación proactiva con los actores de la industria son necesarios para lograr el equilibrio correcto.

Además, debido a la naturaleza global de Bitcoin, la coordinación internacional es esencial. Se requiere cooperación internacional entre los reguladores para abordar problemas transfronterizos como el lavado de dinero, el financiamiento del terrorismo y la evasión fiscal. Al coordinar iniciativas regulatorias y promover el intercambio de información, podemos reducir estos riesgos en el ecosistema financiero digital y mantener un terreno de juego equitativo para usuarios y empresas en todo el mundo.

El futuro de la regulación financiera digital se ve profundamente afectado por el entorno regulatorio mundial que rodea a Bitcoin. En primer lugar, los marcos regulatorios buscan proteger a los inversores exigiendo responsabilidad, seguridad y transparencia en el mercado de Bitcoin. Las leyes sólidas pueden fomentar el comercio justo, prevenir el fraude y reducir los riesgos de las inversiones en bitcoin.

En segundo lugar, para abordar el carácter seudónimo de Bitcoin, son esenciales las medidas de cumplimiento contra el lavado de dinero (AML) y el conocimiento del cliente (KYC). Los procedimientos de AML y KYC deben ser implementados estrictamente por los intercambios de criptomonedas y los proveedores de servicios para prevenir actividades ilegales y garantizar el cumplimiento de los requisitos regulatorios.

En tercer lugar, lograr el equilibrio regulatorio ideal fomenta la inclusión financiera y aumenta el acceso a los servicios financieros al tiempo que permite la innovación técnica en el sector financiero digital. Los reguladores pueden promover la inclusión financiera al mismo tiempo que preservan la estabilidad y la seguridad al fomentar una innovación responsable.

Finalmente, es crucial estandarizar enfoques regulatorios a nivel mundial. Dado que Bitcoin es un fenómeno mundial, la cooperación regulatoria facilita el intercambio de información, unifica normas y asegura procedimientos uniformes en diversas jurisdicciones. Esta cooperación global contribuye a crear un entorno que fomenta la innovación, protege a los clientes y mantiene la integridad del ecosistema financiero en línea.

El entorno regulatorio global para bitcoin es un área compleja que se desarrolla rápidamente. El desafío para los gobiernos y las agencias regulatorias es crear políticas efectivas que logren un equilibrio entre la estabilidad financiera, la protección del consumidor y la innovación. Diferentes naciones han adoptado diversas estrategias, lo cual refleja la búsqueda continua de los mejores marcos regulatorios para supervisar el ecosistema financiero digital.

Los reguladores necesitan coordinarse a nivel internacional y adaptarse a la naturaleza dinámica de la tecnología a medida que Bitcoin y otras criptomonedas continúan ganando popularidad. Construir un marco regulatorio integral y unificado es crucial para fomentar la innovación responsable, proteger a los inversores y reducir los riesgos relacionados con las criptomonedas.

Un futuro financiero digital sostenible y seguro será posible al encontrar el equilibrio adecuado entre la regulación y la innovación. El entorno regulatorio debe ser claro, fomentar la transparencia y tener en cuenta las dificultades particulares generadas por criptomonedas como Bitcoin. Los gobiernos pueden aprovechar el potencial de Bitcoin a través de una regulación efectiva al tiempo que reducen riesgos, fomentando el desarrollo y madurez del ecosistema financiero digital.

Bitcoin y Tributación

La moneda digital descentralizada conocida como Bitcoin ha experimentado una aceptación y popularidad generalizadas. Los gobiernos y las autoridades fiscales están lidiando con la forma de gravar este tipo inusual de moneda a medida que aumentan las transacciones de Bitcoin. En esta sección se investigan las implicaciones de los impuestos sobre Bitcoin, junto con las dificultades enfrentadas por las autoridades fiscales, las estrategias de diversas jurisdicciones y los posibles efectos en los contribuyentes.

Debido a su naturaleza descentralizada, transacciones seudónimas y complejidad tecnológica, gravar el Bitcoin presenta dificultades particulares. La clasificación, valoración e informe del Bitcoin deben ser determinados por las autoridades fiscales. Es importante considerar algunos factores importantes en los impuestos de Bitcoin.

Un problema que las autoridades fiscales deben resolver es la clasificación. Deben elegir si clasificar el Bitcoin, a efectos fiscales, como una moneda, un activo o una mercancía. Las leyes fiscales aplicables, incluidos los impuestos sobre ganancias de capital, el impuesto sobre la renta y el impuesto sobre bienes y servicios (GST), se ven afectadas por esta clasificación.

Otra dificultad para los funcionarios fiscales es la valoración. Debido a la volatilidad del precio del Bitcoin, determinar su valor de mercado justo en el momento de las transacciones o eventos relacionados con impuestos puede ser un desafío. Con frecuencia, las autoridades fiscales utilizan datos de terceros o intercambios de bitcoins para establecer una valoración.

En cuanto a la tributación de Bitcoin, los requisitos de informe son igualmente significativos. A efectos fiscales, generalmente se requiere que los contribuyentes informen sobre sus transacciones y tenencias de Bitcoin. Esto incluye la divulgación de ganancias de la minería de Bitcoin, ganancias o pérdidas por la venta o intercambio de Bitcoin, así como información sobre Bitcoin almacenado en billeteras o intercambios.

Como resultado de la variación en los sistemas regulatorios y tributarios, diferentes naciones han adoptado diversas estrategias de tributación de Bitcoin. Estas estrategias incluyen el tratamiento como moneda, la tributación como propiedad y la creación de regulaciones fiscales específicas para Bitcoin.

Una estrategia típica, especialmente en naciones como Estados Unidos, es gravar los ingresos como propiedad. Dado que Bitcoin no se considera dinero sino más bien como propiedad, cualquier ganancia de su venta o intercambio está sujeta a impuestos sobre las ganancias de capital. Los contribuyentes deben divulgar las ganancias o pérdidas en sus declaraciones de impuestos.

Algunas naciones, como Japón, reconocen el Bitcoin como una forma legal de moneda y lo someten a las leyes fiscales estándar que se aplican a las monedas extranjeras. Dependiendo de las circunstancias específicas, las transacciones de Bitcoin pueden estar sujetas tanto a impuestos sobre la renta como a impuestos sobre el consumo.

En varias regiones, se han establecido regulaciones fiscales específicas para Bitcoin. Por ejemplo, en Alemania, se considera que Bitcoin es un instrumento financiero, y las ganancias provenientes de la venta o intercambio de Bitcoin que se haya mantenido por menos de un año están sujetas a impuestos sobre las ganancias de capital.

Tanto para las autoridades fiscales como para los contribuyentes, la tributación de Bitcoin presenta una serie de dificultades y factores a tener en cuenta. La falta de transparencia es un problema importante porque Bitcoin está en constante evolución y no hay regulaciones fiscales internacionales consistentes. Las autoridades fiscales deben abordar desafíos tecnológicos complicados y crear legislación que siga siendo aplicable en el mundo de las criptomonedas, que está creciendo rápidamente.

Debido a la volatilidad del precio de Bitcoin y a la falta de acuerdo en las técnicas de valoración, existen problemas de valoración. Las autoridades fiscales pueden encontrar difícil establecer valoraciones precisas, lo que puede afectar la precisión con la que evalúan los impuestos.

Las autoridades fiscales también deben enfrentar dificultades relacionadas con el cumplimiento y la aplicación. Puede ser difícil identificar a los contribuyentes que participan en operaciones con Bitcoin y hacer cumplir eficientemente las responsabilidades fiscales debido a la naturaleza seudónima de las transacciones de Bitcoin.

Los impuestos internacionales añaden una complejidad adicional a la situación. Las autoridades fiscales deben lidiar con dificultades que incluyen la doble imposición, la fijación de precios de transferencia y los requisitos de informes para los contribuyentes involucrados en operaciones internacionales de Bitcoin como resultado de transacciones de Bitcoin transfronterizas.

La tributación de bitcoin afecta a los contribuyentes de diversas maneras. Los contribuyentes deben ser conscientes y cumplir con las obligaciones de informe relacionadas con sus transacciones de Bitcoin. Para cumplir con las responsabilidades fiscales, es esencial llevar un registro preciso y documentación de todas las transacciones, incluyendo compras, ventas, intercambios y actividades de minería.

Los contribuyentes también deben tener en cuenta los efectos de los impuestos sobre las ganancias de capital. Se requiere calcular y declarar las ganancias o pérdidas resultantes de la venta o intercambio de Bitcoin. Para calcular adecuadamente las obligaciones fiscales, es necesario llevar un seguimiento adecuado de la base de costos y la duración de la retención de Bitcoin.

Los contribuyentes pueden investigar técnicas de planificación fiscal para minimizar sus facturas fiscales de Bitcoin. Las obligaciones fiscales pueden reducirse mediante el empleo de tácticas como la cosecha de pérdidas fiscales, la sincronización de transacciones y el uso de vehículos de inversión eficientes desde el punto de vista fiscal.

La comprensión de las leyes fiscales de diversos países y el cumplimiento de los requisitos de informe son esenciales para el cumplimiento fiscal internacional de los contribuyentes que utilizan Bitcoin en transacciones transfronterizas.

Dentro del panorama tributario más amplio, la tributación de bitcoin es un tema complejo y en desarrollo. La dificultad para los gobiernos y las autoridades fiscales es regular de manera justa y efectiva el Bitcoin mientras se asegura el cumplimiento. La complejidad tecnológica, la naturaleza descentralizada y el seudonimato de Bitcoin plantean dificultades particulares para la clasificación, valoración e informe.

Diferentes sistemas legales han utilizado diversas estrategias para clasificar el Bitcoin como propiedad, moneda o un instrumento financiero específico. Sin embargo, la falta de acuerdo global y reglas estandarizadas conduce a complicaciones e incertidumbre.

La comprensión y el cumplimiento de las responsabilidades fiscales de Bitcoin son esenciales para los contribuyentes. Las dificultades de los impuestos de Bitcoin pueden superarse llevando registros precisos, cumpliendo con los requisitos de informes y teniendo en cuenta estrategias de planificación fiscal.

Es probable que las autoridades fiscales enfrenten una mayor presión para proporcionar marcos regulatorios exhaustivos y coherentes a medida que el uso de Bitcoin y otras criptomonedas continúe aumentando. Para navegar por la complejidad de los impuestos de Bitcoin, será crucial encontrar el equilibrio adecuado entre fomentar la innovación, garantizar el cumplimiento y mantener la justicia en el sistema tributario.

Desafíos legales y controversias

El surgimiento de Bitcoin, una moneda digital descentralizada, ha cambiado por completo la industria financiera y ha despertado la atención en todo el mundo. Sin embargo, este nuevo tipo de moneda ha generado desafíos legales y controversias que deben examinarse cuidadosamente. El entorno legal que rodea a Bitcoin se examina en esta sección, junto con los principales desafíos legales y controversias que han surgido. Analizaremos asuntos legales, actividades ilícitas, problemas de protección al consumidor y las implicaciones para la futura regulación de las monedas digitales.

La regulación de Bitcoin es uno de los principales problemas legales que enfrenta. Dado que Bitcoin opera fuera del sistema financiero establecido, pone a prueba los marcos regulatorios existentes. Gobiernos y agencias reguladoras en todo el mundo están debatiendo cómo categorizar y controlar este activo digital especial. La clasificación, la fragmentación regulatoria y los problemas de jurisdicción son los principales obstáculos regulatorios.

El principal problema con la clasificación es que las autoridades fiscales y reguladores deben decidir cómo clasificar legalmente a Bitcoin. Mientras que algunos sistemas legales clasifican a Bitcoin como una moneda, otros lo categorizan como una mercancía o propiedad. Esta clasificación tiene un efecto en los requisitos legales adecuados, el tratamiento fiscal y el marco regulatorio para organizaciones y personas involucradas en transacciones de Bitcoin.

El entorno regulatorio mundial para Bitcoin sigue estando fragmentado, con muchas autoridades adoptando métodos diversos, lo que presenta un problema adicional. Algunas naciones han aceptado Bitcoin y han establecido marcos legales para proteger a los consumidores y prevenir el lavado de dinero. Otros han adoptado una posición más cautelosa o restrictiva, imponiendo prohibiciones o regulaciones estrictas sobre el tema. Debido a esta fragmentación, existen posibles conflictos internacionales e incertidumbres legales.

Debido a la estructura descentralizada de Bitcoin, existen problemas con la jurisdicción. La globalización de las transacciones dificulta que los reguladores ejerzan su autoridad y manejen adecuadamente las dificultades transfronterizas. También es difícil responsabilizar a individuos por actividad criminal en ausencia de una autoridad centralizada.

La naturaleza seudónima de Bitcoin ha atraído la atención de criminales para su uso en diversas operaciones ilegales. La estructura descentralizada e internacional de las transacciones de Bitcoin dificulta que las organizaciones encargadas de hacer cumplir la ley detengan la actividad ilegal. El lavado de dinero, la dark web y los mercados ilegales, y el cibercrimen son algunos de los principales problemas legales y debates vinculados al uso criminal de Bitcoin.

El lavado de dinero es un problema grave, y debido a que Bitcoin es virtual y seudónimo, surgen preguntas sobre su posible aplicación en esta área. La estructura descentralizada de Bitcoin puede ser utilizada por criminales para ocultar el origen de efectivo ilícito. Los gobiernos y las organizaciones reguladoras han respondido imponiendo leyes de Conozca a su Cliente (KYC) y contra el lavado de dinero (AML) en los intercambios de criptomonedas.

Debería expresarse preocupación acerca de las conexiones de Bitcoin con los mercados ilegales en internet y la dark web. Las organizaciones encargadas de hacer cumplir la ley han tenido problemas para encontrar y rastrear las transacciones de Bitcoin en estos lugares ocultos en internet. Debido a las dificultades de jurisdicción, cerrar estas plataformas y castigar legalmente a los individuos responsables será complicado.

La estructura descentralizada de Bitcoin plantea un problema en cuanto a la protección del consumidor. Debido a la naturaleza irreversible de las transacciones de Bitcoin, los consumidores son más susceptibles a fraudes, estafas y ataques de hackers. Brechas de seguridad y ataques informáticos, esquemas fraudulentos y la falta de control gubernamental son algunos de los problemas legales y debates en relación con la protección del consumidor en el contexto de Bitcoin.

Las carteras digitales y los intercambios de Bitcoin han sido objeto de violaciones de seguridad y ciberataques, lo que ha costado tanto a personas como a empresas grandes sumas de dinero. La necesidad de abordar las violaciones de seguridad y la obligación legal de proteger los fondos de los consumidores ha crecido significativamente. Mientras que otras naciones están explorando posibilidades de seguros para proteger a los clientes de pérdidas, otras han establecido regulaciones para mejorar las medidas de seguridad.

Debido al anonimato de las transacciones, los esquemas fraudulentos y las estafas de tipo Ponzi se han multiplicado en el ecosistema de Bitcoin. Estafas que ofrecían enormes beneficios o oportunidades de inversión en negocios relacionados con Bitcoin han aprovechado a los inversores. Los reguladores han intensificado sus esfuerzos para identificar y llevar a los estafadores ante la justicia, pero debido a que las transacciones de Bitcoin tienen alcance global, resulta difícil rastrear y recuperar fondos.

El futuro de la regulación de las monedas digitales se ve significativamente afectado por los problemas legales y debates en torno a Bitcoin. Armonizar regulaciones, mejorar la protección del consumidor, equilibrar la innovación y la regulación, y la cooperación internacional son factores importantes que los responsables de la formulación de políticas y los reguladores deben tener en cuenta.

Para superar la naturaleza inconsistente de la regulación de Bitcoin, es esencial lograr la armonización regulatoria entre jurisdicciones. La colaboración entre gobiernos nacionales y organizaciones internacionales puede fomentar una legislación uniforme, facilitar el intercambio de información y ayudar a combatir la actividad criminal transnacional.

Para garantizar que las personas que utilizan Bitcoin para transacciones confíen en ellas, se necesita una sólida legislación de protección al consumidor. Los reguladores deben imponer estrictos requisitos de seguridad en los intercambios de criptomonedas, fomentar la transparencia e informar al público sobre los riesgos y las mejores prácticas relacionadas con Bitcoin.

Es fundamental lograr el equilibrio adecuado entre fomentar la innovación en el mundo de las monedas digitales y reducir los riesgos. Promover la innovación responsable mientras se preserva la integridad del sistema financiero es un desafío para los reguladores. El logro de este equilibrio promoverá el desarrollo técnico al tiempo que garantiza la seguridad del cliente y el cumplimiento legal

Para abordar problemas legales y prevenir actividades ilegales en el ecosistema de Bitcoin, la cooperación internacional es esencial. Para regular de manera más efectiva Bitcoin, las agencias encargadas de hacer cumplir la ley deben cooperar más, compartir las mejores prácticas y establecer plataformas para la cooperación internacional.

Las dificultades para gobernar una moneda digital descentralizada se destacan por los problemas legales y debates que rodean a Bitcoin. Los gobiernos y las organizaciones reguladoras enfrentan considerables obstáculos legales debido a los diversos métodos regulatorios, acciones criminales y problemas de protección al consumidor. Se necesita una estrategia cooperativa y prospectiva que logre un equilibrio entre la innovación, la supervisión regulatoria y la protección al consumidor para hacer frente a estas dificultades. Los responsables de la formulación de políticas pueden contribuir a crear un futuro más seguro y controlado para las monedas digitales al negociar estas complejidades legales, asegurando que se alcancen sus posibles beneficios al tiempo que se minimizan los riesgos.

CAPITULO
VII
Impacto de Bitcoin en Diversas Industrias

Fintech y Banca

El ascenso de la moneda digital descentralizada Bitcoin ha tenido un impacto significativo en las industrias fintech y bancaria. Sus tecnologías innovadoras y su naturaleza disruptiva han puesto a prueba los sistemas financieros existentes y creado nuevas oportunidades para la inclusión financiera, la eficacia y la transparencia. Esta sección investiga las implicaciones disruptivas de Bitcoin en la banca y fintech, examinando sistemas de pago, remesas, servicios bancarios y el ecosistema financiero en general.

Quizás una de las contribuciones más significativas de Bitcoin al sector fintech sea el efecto que tiene en los sistemas de pago. Las transacciones de Bitcoin eliminan intermediarios tradicionales como bancos y procesadores de pagos, lo que permite tiempos de liquidación rápidos y bajos costos de transacción para transferencias directas de persona a persona. Esto podría cambiar por completo la forma en que se realizan los pagos, especialmente en transacciones internacionales.

Una excelente ilustración del potencial transformador de Bitcoin es su uso para las remesas. Los servicios de remesas tradicionales pueden tener costos elevados y procedimientos prolongados. En cambio, Bitcoin ofrece una alternativa más económica y eficaz. Las personas pueden enviar y recibir remesas internacionalmente aprovechando la estructura descentralizada de Bitcoin y las transacciones casi instantáneas. Esto elimina la necesidad de instituciones bancarias tradicionales y reduce los gastos tanto para remitentes como para destinatarios.

Especialmente en áreas con acceso limitado a servicios bancarios convencionales, Bitcoin tiene la capacidad de cerrar la brecha entre las poblaciones bancarizadas y no bancarizadas. Uno puede crear una billetera de Bitcoin y participar en el ecosistema financiero global con un teléfono inteligente y acceso a internet. Esto permite que aquellos que no tienen acceso a cuentas bancarias tradicionales aprovechen servicios financieros fundamentales como enviar y recibir dinero, ahorrar dinero y realizar transacciones.

Además, las personas que viven en países con sistemas financieros poco confiables o tasas de inflación elevadas tienen una alternativa gracias a la estructura descentralizada de Bitcoin. Aquellas personas sujetas a controles de capital o hiperinflación pueden mantener su riqueza en Bitcoin como protección contra estos riesgos y para preservar su poder adquisitivo.

Hay dos formas en que Bitcoin afecta a los servicios bancarios convencionales. En primer lugar, desafía la función convencional de los bancos como intermediarios en las transacciones financieras.

Sin depender de una organización centralizada, las personas pueden controlar y gestionar directamente su dinero con Bitcoin. A través de la desintermediación, los usuarios pueden tener menores costos, transacciones más rápidas y una mayor independencia financiera.

En segundo lugar, las casas de cambio de criptomonedas, una nueva categoría de proveedores de servicios financieros, han surgido como resultado de Bitcoin. Las personas pueden comprar, vender e intercambiar Bitcoin y otras criptomonedas en estas plataformas. Las casas de cambio de criptomonedas brindan a los clientes más flexibilidad y accesibilidad en la gestión de sus activos digitales al evitar los canales financieros convencionales. Sin embargo, también presentan dificultades regulatorias a medida que los países luchan por establecer marcos que garanticen la protección del consumidor y prevengan el lavado de dinero y otras actividades.

El impacto de Bitcoin en la banca y la tecnología financiera también plantea preguntas sobre el cumplimiento y la regulación. La creación de marcos que logren un equilibrio entre la protección del consumidor y la innovación es un desafío para los gobiernos y las agencias reguladoras. Entre los factores más importantes se encuentran:

Para prevenir que Bitcoin sea utilizado en actos ilegales como el lavado de dinero y el financiamiento del terrorismo, los reguladores deben implementar requisitos contra el lavado de dinero (AML) y conozca a su cliente (KYC). Para garantizar el cumplimiento y preservar la integridad del sistema financiero, las casas de cambio de criptomonedas y otros proveedores de servicios están cada vez más sujetos a estas normas.

Los reguladores deben asegurarse de que se implementen medidas adecuadas de protección al consumidor a medida que crece el uso de Bitcoin. Esto incluye salvaguardias contra el fraude, el robo y la malversación de fondos. Los consumidores pueden empoderarse para tomar decisiones informadas y protegerse de cualquier riesgo asociado al uso de Bitcoin mediante la participación en campañas de educación y concientización.

Para los reguladores, gravar a Bitcoin plantea un problema particularmente difícil. Es importante pensar cuidadosamente al decidir sobre la clasificación fiscal adecuada, las especificaciones de informes y las técnicas de valoración para las transacciones de Bitcoin. Los gobiernos están estableciendo marcos para asegurarse de que los contribuyentes paguen sus impuestos y prevenir posibles evasiones fiscales.

La cooperación internacional es esencial para la coherencia regulatoria y la supervisión eficiente debido al carácter global de Bitcoin. Compartir las mejores prácticas, establecer mecanismos de intercambio de información y fomentar la cooperación entre reguladores pueden contribuir a promover una estrategia consistente y cuidadosamente planificada para abordar los problemas internacionales derivados de Bitcoin.

Bitcoin ha tenido un impacto significativo en las industrias fintech y bancaria, transformando sistemas de pago, facilitando la inclusión financiera y perturbando prácticas bancarias establecidas. Las personas pueden realizar transacciones de persona a persona, acceder a servicios financieros esenciales y almacenar dinero en áreas con infraestructura bancaria limitada o economías inestables, aprovechando la estructura descentralizada y la tecnología innovadora de Bitcoin.

Esta fuerza disruptiva, no obstante, también plantea problemas con la regulación y el cumplimiento. Los gobiernos y las organizaciones reguladoras deben equilibrar los intereses de la protección del consumidor con los de la innovación. Los reguladores deben tener en cuenta factores importantes como la creación de marcos para las reglas AML y KYC, mantener la protección del consumidor, abordar cuestiones fiscales y promover la cooperación internacional.

La influencia de Bitcoin en la tecnología financiera y la banca probablemente crecerá a medida que se desarrolle aún más. Aprovechando las oportunidades y superando los desafíos, se puede lograr un ecosistema financiero más inclusivo, efectivo y transparente. El potencial de Bitcoin para cambiar la forma en que las personas y las empresas interactúan con el sistema financiero y dar forma al futuro de las finanzas en los sectores de tecnología financiera y banca es enorme

Comercio electrónico

La introducción de Bitcoin, una moneda digital descentralizada, ha provocado una revolución en el mundo del comercio electrónico y ha alterado permanentemente el panorama del comercio minorista en línea. Esta sección explora la influencia significativa de Bitcoin en el comercio electrónico, destacando sus beneficios tanto para los consumidores como para las empresas, así como sus inconvenientes y posibles efectos futuros en las compras en línea.

Bitcoin ofrece una gran cantidad de beneficios para los minoristas en línea, revolucionando la forma en que realizan negocios e interactúan con los clientes.

En primer lugar, en comparación con opciones de pago más establecidas como tarjetas de crédito o transferencias bancarias, las transacciones con Bitcoin suelen tener tarifas de transacción más económicas. Gracias a las reducciones de costos, las empresas pueden maximizar sus márgenes de beneficio y ofrecer a los clientes precios competitivos.

En segundo lugar, debido a que Bitcoin no tiene límites geográficos, brinda a las empresas una base de clientes más amplia. Al permitir que los clientes paguen con Bitcoin, las empresas de comercio electrónico pueden llegar a clientes que podrían tener dificultades para utilizar sistemas bancarios tradicionales o que prefieren la simplicidad y seguridad que ofrecen las monedas digitales.

Además, en comparación con los métodos de pago convencionales, las transacciones con Bitcoin ofrecen períodos de liquidación más rápidos. Esto permite un procesamiento y envío de pedidos más rápidos para los comerciantes al reducir los intervalos de flujo de efectivo y acelerar la recepción de pagos.

Finalmente, debido a que las transacciones con Bitcoin son irreversibles, añaden un grado adicional de protección contra el fraude. La protección de los comerciantes contra reclamaciones erróneas y contracargos fomenta la confianza tanto de los clientes como de los comerciantes.

Además, Bitcoin ofrece una gran cantidad de beneficios para los clientes que compran en línea, mejorando su experiencia de compra en línea y brindándoles una libertad financiera sin precedentes.

En la era digital, las principales preocupaciones de los clientes son la privacidad y la seguridad. Al permitir que los usuarios realicen compras sin revelar información personal sensible, las transacciones con bitcoin ofrecen un cierto nivel de privacidad. Como resultado, es menos probable que ocurran violaciones de datos y robos de identidad. Además, en comparación con los sistemas de pago convencionales, la naturaleza descentralizada de Bitcoin brinda una mayor seguridad contra fraudes y hackers.

La accesibilidad global es otro beneficio importante que ofrece Bitcoin. A través de Bitcoin, las personas en áreas con acceso limitado a sistemas bancarios convencionales pueden participar en el comercio electrónico activo. Esto incluye a los segmentos de la sociedad subbancarizados y no bancarizados, que pueden utilizar Bitcoin como una forma conveniente y segura de realizar compras en línea. Además, Bitcoin permite el comercio internacional sin la necesidad de costosas conversiones de moneda.

Además, Bitcoin permite a los usuarios tener un mayor control sobre sus transacciones monetarias. Las personas pueden gestionar su dinero de manera independiente con billeteras de Bitcoin, sin restricciones de bancos o intermediarios. Esto brinda a los usuarios un mayor control y les permite realizar transacciones según sus términos, independientemente de limitaciones o horarios bancarios.

Y por último, algunos minoristas en línea recompensan a los clientes que utilizan Bitcoin dándoles descuentos y otros beneficios. Los clientes reciben un valor adicional como resultado, mejorando significativamente su experiencia de compra.

Si bien Bitcoin tiene muchos beneficios para el comercio electrónico, también hay problemas y desafíos que deben tenerse en cuenta.

En primer lugar, tanto los consumidores como las empresas enfrentan dificultades como resultado de la fluctuación del precio de Bitcoin. La variación del valor de Bitcoin puede afectar los planes de precios de los minoristas, el control de inventario y los márgenes de beneficio. De manera similar, los clientes pueden tener incertidumbre sobre el valor de sus tenencias de Bitcoin. Estos problemas pueden abordarse empleando métodos para disminuir esta volatilidad, como la conversión instantánea a dinero fiduciario o el uso de stablecoins.

En segundo lugar, solo una pequeña parte del comercio electrónico ha adoptado Bitcoin como un mecanismo de pago común. El uso y el potencial de Bitcoin se ven limitados actualmente por el hecho de que muchos sitios de comercio electrónico y comerciantes no lo aceptan. Para aprovechar al máximo el potencial de Bitcoin en el comercio electrónico, es necesario promover un uso más amplio a través de asociaciones, recompensas y educación.

Los gobiernos y las organizaciones reguladoras aún están tratando de clasificar y controlar las transacciones de Bitcoin, por lo que el entorno normativo en torno a esta forma de moneda en el comercio electrónico sigue cambiando. Esto incluye preocupaciones sobre la protección del consumidor y las políticas contra el lavado de dinero (AML).

El cumplimiento normativo es esencial para los minoristas en línea que aceptan Bitcoin. Deben cumplir con las obligaciones legales relacionadas con las transacciones financieras, como adherirse a los estándares de Conozca a su Cliente (KYC) y contra el lavado de dinero (AML). Para garantizar el cumplimiento y proteger la integridad del sistema financiero, deben implementarse medidas de seguridad adecuadas y mantener registros de transacciones.

Además, tanto los consumidores como las empresas están preocupados por los impuestos sobre las transacciones de Bitcoin. Las autoridades fiscales se esfuerzan por desarrollar regulaciones para la divulgación y tributación de las transacciones de Bitcoin, teniendo en cuenta factores como la valoración, las ganancias de capital y los efectos del IVA/GST. Para garantizar el cumplimiento y simplificar la integración de Bitcoin en las estructuras fiscales actuales, se requieren reglas claras y consistentes.

El futuro del comercio minorista en línea podría verse afectado por cómo Bitcoin influye en el comercio electrónico en los próximos años.

A medida que Bitcoin obtenga una mayor aceptación y se aclaren los marcos regulatorios, es probable que aumente su adopción. Esto incrementará la cantidad de sitios de comercio electrónico y empresas que aceptan Bitcoin como forma de pago, brindando a los clientes opciones adicionales y haciendo que Bitcoin sea más útil para transacciones regulares.

El sector de comercio electrónico también se espera que experimente un aumento en la innovación en métodos de pago. Nuevos procesadores de pago, integraciones de billeteras y interfaces amigables para el usuario aparecerán a medida que las empresas compitan para atender a la creciente base de usuarios de Bitcoin, simplificando el proceso de pago y fomentando una mayor adopción.

También prometedor para el comercio electrónico es la incorporación de la tecnología de cadena de bloques, que es la base de Bitcoin. El comercio minorista en línea puede beneficiarse de una mayor transparencia, confianza y eficiencia gracias a soluciones basadas en la cadena de bloques, como el seguimiento de la cadena de suministro, la verificación de productos y los mercados descentralizados. La integración de la tecnología de cadena de bloques con plataformas de comercio electrónico puede abrir nuevas oportunidades y transformar la forma en que las empresas y los clientes interactúan.

Bitcoin ha tenido un impacto profundamente positivo en el comercio electrónico, transformando los métodos de pago, permitiendo la inclusión financiera y alterando las prácticas bancarias establecidas. Tarifas de transacción más bajas, acceso al mercado mundial, pagos más rápidos y una menor probabilidad de fraude son algunos de sus beneficios para las empresas. Los consumidores se benefician de una mejor accesibilidad mundial, privacidad, seguridad y gestión financiera. Sin embargo, problemas como la volatilidad de precios y la baja adopción deben resolverse. El futuro de Bitcoin en el comercio electrónico parece brillante debido a su creciente popularidad, avances en métodos de pago e integración de tecnología de cadena de bloques. Bitcoin está cambiando la forma en que compramos y vendemos bienes y servicios en línea a medida que se desarrolla el sector de comercio electrónico, creando nuevas oportunidades tanto para las empresas como para los clientes.

Remesas y Transacciones Transfronterizas

La aparición de Bitcoin, la moneda digital descentralizada, ha causado un cambio sísmico en el mundo de las remesas y las transacciones transfronterizas. Las técnicas tradicionales de transferencia de dinero transfronterizo tienen una larga historia de estar asociadas con tarifas exorbitantes, períodos de procesamiento prolongados y accesibilidad limitada. Sin embargo, Bitcoin ha surgido como un sustituto revolucionario, alterando la forma en que las personas envían dinero al extranjero. Esta sección examina cómo Bitcoin ha tenido un impacto significativo en las remesas y las transacciones transfronterizas, destacando sus ventajas tanto para remitentes como para destinatarios, así como sus dificultades y los posibles efectos futuros en las transferencias financieras internacionales.

Bitcoin ofrece una gran cantidad de beneficios para las remesas, proporcionando una opción más eficaz, asequible y accesible para las personas que desean enviar dinero al extranjero.

En primer lugar y ante todo, en comparación con las opciones de transferencia convencionales, las transacciones de Bitcoin suelen tener gastos más bajos. Las transacciones de Bitcoin pueden realizarse a tarifas sustancialmente inferiores a las cobradas por los proveedores convencionales, que frecuentemente aplican tarifas entre el 5% y el 10% del monto total transmitido. Aquellas personas que envían dinero a sus familiares u otros seres queridos en el extranjero pueden reducir significativamente sus costos aprovechando esta rentabilidad.

En comparación con los proveedores de remesas convencionales, las transacciones de Bitcoin ofrecen períodos de pago más rápidos además de precios más bajos. Las transacciones de Bitcoin pueden completarse en cuestión de minutos, a diferencia de las transferencias bancarias, que pueden tardar días o incluso semanas en finalizarse. Esto garantiza que los clientes puedan recibir rápidamente el dinero que necesitan al acelerar la disponibilidad de fondos para ellos. Esta rapidez es crucial cuando se necesita ayuda financiera inmediata.

Además, la naturaleza descentralizada de Bitcoin facilita que las personas realicen transferencias internacionales de dinero. Para aquellos que viven en áreas con acceso limitado a servicios financieros, como las poblaciones no bancarizadas o sub-bancarizadas, esta accesibilidad es extremadamente beneficiosa. Al eludir las restricciones impuestas por los sistemas bancarios convencionales, los usuarios pueden enviar y recibir dinero con Bitcoin simplemente teniendo acceso a internet y una billetera de Bitcoin.

Además, al permitir que las personas excluidas de los sistemas financieros tradicionales participen, Bitcoin fomenta la inclusión financiera. Sin depender de bancos convencionales, cualquier persona puede utilizar Bitcoin para acceder a servicios financieros fundamentales, como pagos, depósitos y remesas. Las personas desatendidas podrían beneficiarse de esto, ya que les brindaría oportunidades para la estabilidad financiera y el crecimiento económico.

Si bien hay muchos beneficios al usar Bitcoin para remesas y transacciones internacionales, también hay una serie de problemas que deben tenerse en cuenta.

La fluctuación del precio de bitcoin es un problema importante. Tanto los remitentes como los destinatarios de remesas experimentan incertidumbre debido al valor volátil de Bitcoin. Debido a las fluctuaciones en el precio de bitcoin, el monto recibido en la moneda local del destinatario puede variar. Estrategias como la conversión rápida a la moneda local o el uso de stablecoins pueden ayudar a estabilizar el valor y garantizar la previsibilidad de los fondos entrantes para reducir este riesgo.

El marco regulatorio que rodea a Bitcoin y su impacto en las remesas es otro aspecto a tener en cuenta. Para detener el lavado de dinero, la financiación del terrorismo y otras actividades ilegales, los gobiernos de todo el mundo están debatiendo cómo controlar y supervisar las transacciones transfronterizas de Bitcoin. La expansión a largo plazo de los servicios de remesas basados en Bitcoin depende de la creación de marcos regulatorios transparentes que prioricen la protección del consumidor al mismo tiempo que respaldan la innovación.

Además, solo una pequeña parte de las personas utiliza Bitcoin como método común de remesas. La accesibilidad y liquidez de los intercambios de Bitcoin a monedas locales pueden variar significativamente entre áreas geográficas. El uso generalizado de Bitcoin en corredores de remesas requiere una mayor adopción, más liquidez y el desarrollo de servicios de intercambio confiables.

Finalmente, pueden surgir desafíos de adopción debido a la complejidad técnica de Bitcoin y la necesidad de educación. Dado que muchas personas pueden no estar familiarizadas con las criptomonedas, la configuración de una billetera de Bitcoin y la realización de transacciones pueden resultar difíciles. Las personas pueden sentirse capacitadas para utilizar Bitcoin en remesas con confianza si se promueve el conocimiento y se simplifica la experiencia del usuario a través de interfaces y recursos amigables.

Con implicaciones significativas para el futuro de las transferencias financieras internacionales, se espera que el impacto de Bitcoin en las remesas y transacciones transfronterizas continúe cambiando.

Los servicios de remesas que utilizan Bitcoin probablemente se vuelvan más efectivos y eficientes a medida que aumenta la adopción de Bitcoin y se clarifican los marcos regulatorios. Plataformas peer-to-peer y otras innovaciones, como procesadores de pago dedicados para transferencias de Bitcoin, agilizarán aún más el proceso de remesas al tiempo que reducen costos y mejoran la accesibilidad.

Debido a la estructura descentralizada de Bitcoin, que permite que personas en áreas desatendidas participen en remesas y transacciones transfronterizas, se espera un aumento en la inclusión financiera. El acceso a servicios financieros fundamentales empodera a las personas, fomenta el espíritu empresarial y genera crecimiento económico.

Además, el sector de remesas puede beneficiarse de la incorporación de la tecnología de cadena de bloques, la tecnología fundamental de Bitcoin. La transparencia, la trazabilidad y la seguridad en las transacciones transfronterizas pueden mejorarse mediante soluciones basadas en la cadena de bloques. Los proveedores de servicios de remesas pueden ofrecer servicios más rápidos, seguros y auditables al utilizar la cadena de bloques, transformando por completo la industria de las remesas.

El mundo de las transferencias financieras internacionales está cambiando como resultado del impacto de Bitcoin en las remesas y el comercio transfronterizo. Bitcoin ofrece un reemplazo revolucionario para las técnicas convencionales de remesas debido a sus precios reducidos, tiempos de transacción más rápidos y mayor accesibilidad. Para aprovechar plenamente el potencial de Bitcoin en las remesas, deben resolverse problemas como la volatilidad de precios, preocupaciones regulatorias, barreras de adopción y complejidad tecnológica. Mirando hacia el futuro, una mayor productividad, inclusión financiera y el uso de la tecnología de cadena de bloques ofrecen promesas para el futuro de Bitcoin en términos de facilitar transacciones transfronterizas simples y asequibles que beneficiarán a personas y familias en todo el mundo.

Impacto Social y Casos de Uso en Organizaciones Sin Fines de Lucro

La moneda digital descentralizada conocida como Bitcoin ha trascendido su función como herramienta financiera y actúa cada vez más como un catalizador para la filantropía e impacto social. La tecnología subyacente, la cadena de bloques, proporciona una transparencia, seguridad y eficiencia incomparables, convirtiéndose en una herramienta efectiva para llevar a cabo cambios constructivos. Esta sección examina cómo Bitcoin afecta a proyectos de impacto social y organizaciones benéficas, destacando las numerosas aplicaciones y ventajas que ofrece en diversos campos.

Particularmente en lugares con acceso limitado a instituciones bancarias convencionales, bitcoin contribuye significativamente a la promoción de la inclusión financiera. Las organizaciones sin fines de lucro y grupos de impacto social pueden brindar a las personas una forma de participar en la economía global, acceder a servicios financieros y mejorar su seguridad financiera mediante el uso de Bitcoin. Las transacciones peer-to-peer utilizando Bitcoin son posibles gracias a su naturaleza descentralizada, que elimina la necesidad de intermediarios e instituciones financieras convencionales. Esto brinda a las personas un control directo sobre sus finanzas, libre de las restricciones y obstáculos impuestos por los sistemas bancarios convencionales.

Además, Bitcoin es una opción deseable para proyectos de microfinanzas debido a sus bajas tarifas de transacción. Con el fin de ayudar a comunidades desatendidas, las organizaciones sin fines de lucro pueden utilizar Bitcoin para ofrecer micropréstamos y agilizar el comercio internacional. Esto permitirá que las personas inicien sus propios negocios, financien su educación y, en general, vivan vidas mejores.

En respuesta a las preocupaciones generalizadas sobre cómo se utiliza el dinero en el sector sin fines de lucro, la tecnología de cadena de bloques que impulsa a Bitcoin ofrece una transparencia y responsabilidad sin precedentes. Bitcoin se asegura de que cada transacción financiera sea rastreable y auditable al mantener registros en un libro inmutable y abierto. Debido a la transparencia, los donantes pueden dar seguimiento a los resultados de sus contribuciones y sentirse seguros de que sus fondos se utilizan según lo previsto.

Además, el flujo de fondos basado en criterios establecidos se puede automatizar utilizando contratos inteligentes basados en la cadena de bloques para establecer los términos de financiamiento. Al hacerlo, ya no se requieren intermediarios, los gastos administrativos disminuyen, los recursos se utilizan de manera más efectiva y el proceso de contribución se vuelve más abierto y responsable.

Bitcoin es la mejor opción para remesas y donaciones internacionales debido a su naturaleza sin fronteras y las mínimas tarifas de transacción. Los métodos de remesas tradicionales pueden tener tarifas elevadas y tiempos de procesamiento prolongados, lo que lo hace costoso y difícil para las personas ayudar a organizaciones en el extranjero. Bitcoin ofrece transacciones transfronterizas rápidas y económicas, permitiendo a los usuarios transferir dinero directamente a organizaciones benéficas o personas necesitadas sin estar limitados por sistemas financieros convencionales.

Además, debido a que Bitcoin es descentralizado, las transacciones transfronterizas ya no requieren el uso de intermediarios, lo que resulta en una mayor tasa de donaciones que llegan a sus destinatarios previstos. Esta eficacia reduce los gastos de conversiones de moneda, tarifas bancarias y retrasos en el procesamiento, potenciando el impacto de las donaciones y permitiendo que las ONG gasten sus recursos de manera más sabia.

En lugares con acceso limitado a documentos de identificación y en crisis humanitarias, la tecnología de cadena de bloques ofrece una alternativa segura e inquebrantable para gestionar identidades digitales. Las organizaciones sin fines de lucro pueden proporcionar identidades distintivas a las personas mediante el uso de sistemas de identidad digital basados en la cadena de bloques, permitiéndoles acceder a servicios cruciales, asistencia y recursos financieros. Esto reduce al mínimo la posibilidad de fraude y garantiza que los recursos se distribuyan de manera enfocada, efectiva y transparente, ayudando a quienes más lo necesitan.

Las soluciones basadas en la cadena de bloques también pueden permitir el seguimiento transparente de la distribución de ayuda y regalos. Con el fin de asegurarse de que los recursos se asignen de acuerdo con criterios establecidos y para proporcionar visibilidad en tiempo real sobre el uso de fondos, las organizaciones sin fines de lucro pueden utilizar contratos inteligentes y sistemas de cadena de bloques para la cadena de suministro. Este nivel de transparencia mejora la rendición de cuentas y fomenta la confianza del donante, lo que finalmente atrae más financiamiento para los esfuerzos de impacto social.

Aunque Bitcoin ofrece grandes perspectivas para organizaciones benéficas e impacto social, hay varios problemas que deben tenerse en cuenta.

Las organizaciones sin fines de lucro y proyectos de impacto social que dependen de financiamiento constante pueden enfrentar dificultades debido a la volatilidad del precio de Bitcoin. El valor de las donaciones puede cambiar drásticamente en períodos breves debido a la fluctuación del valor de Bitcoin. Esta volatilidad se puede reducir implementando métodos de gestión de riesgos, como una rápida conversión a moneda fiduciaria o el uso de stablecoins.

Las organizaciones sin fines de lucro deben negociar constantemente el entorno normativo en constante cambio que involucra a Bitcoin y otras monedas digitales. Para mantener la transparencia y prevenir actividades ilegales, es esencial cumplir con los requisitos contra el lavado de dinero (AML) y conoce a tu cliente (KYC). Para mantener la conformidad mientras se aprovechan las ventajas de Bitcoin, es crucial que las organizaciones estén actualizadas sobre los requisitos legales y trabajen con asesoría legal.

Para un uso generalizado, es crucial aumentar el conocimiento y la comprensión de Bitcoin y las tecnologías de cadena de bloques en el sector benéfico. Para permitir que su personal y partes interesadas aprovechen al máximo el potencial de Bitcoin para el impacto social, las organizaciones sin fines de lucro deben invertir en programas de educación y capacitación. La colaboración con organizaciones de blockchain y profesionales de la tecnología puede ayudar a acelerar la aceptación y promover la innovación en el mercado.

Con una transparencia mejorada, inclusión financiera y eficiencia, bitcoin tiene un efecto revolucionario en proyectos de impacto social y casos de uso en organizaciones sin fines de lucro, capacitándolas para generar un cambio positivo. Las organizaciones sin fines de lucro pueden ampliar su audiencia, mejorar la transparencia, reducir gastos y agilizar procedimientos al aprovechar los beneficios de Bitcoin. Aunque existen dificultades que deben ser controladas, como la volatilidad y el cumplimiento normativo, existe un gran potencial para el impacto social. La combinación de esta moneda descentralizada y la tecnología de cadena de bloques tiene un tremendo potencial para abordar problemas sociales y humanitarios y, en última instancia, construir un mundo más igualitario e inclusivo a medida que aumenta el uso y conocimiento de Bitcoin.

CAPITULO
VIII
Críticas y Controversias en Torno a Bitcoin

Consumo de Energía y Preocupaciones Ambientales

La moneda digital descentralizada conocida como Bitcoin ha atraído mucha atención recientemente debido a su potencial para transformar las finanzas y la economía global. Pero a medida que aumenta la aceptación de Bitcoin, también han surgido preocupaciones sobre su impacto ambiental y su consumo de energía. Esta sección explora los requisitos energéticos de la minería de Bitcoin, sus efectos en el medio ambiente y las iniciativas en curso para equilibrar la innovación y la sostenibilidad en el ámbito de las criptomonedas.

El método mediante el cual se crean nuevos bitcoins y se validan las transacciones de la cadena de bloques se conoce como minería de bitcoins. Implica el uso de potentes computadoras para resolver desafiantes rompecabezas matemáticos, un procedimiento conocido como Prueba de Trabajo (PoW). La dificultad computacional aumenta a medida que más mineros se unen a la red, lo que resulta en una mayor necesidad de energía.

La intensiva potencia de procesamiento necesaria para resolver estos rompecabezas es la fuente del consumo de energía asociado con la minería de bitcoins. Para realizar cálculos rápidos, los mineros utilizan hardware especializado como Circuitos Integrados Específicos de Aplicación (ASIC). Sin embargo, debido a este procedimiento intensivo en energía, se han planteado preguntas sobre la huella de carbono de Bitcoin y su viabilidad a largo plazo.

Las emisiones de carbono y el uso de fuentes de energía no renovable son los principales problemas ambientales planteados por el consumo de energía de Bitcoin.

En primer lugar, la mayoría de la electricidad utilizada para la minería de Bitcoin proviene de fuentes de energía basadas en combustibles fósiles, que producen gases de efecto invernadero y aceleran el cambio climático. La huella de carbono de la minería de Bitcoin crece a medida que el proceso utiliza más energía. Esto ha generado discusiones sobre los costos ambientales asociados con una moneda digital que utiliza recursos limitados y aumenta las emisiones de carbono.

En segundo lugar, la dependencia de las actividades de minería de Bitcoin en fuentes de energía no renovable, como el carbón y el gas natural, plantea problemas en cuanto a su impacto ecológico perjudicial y la intensificación del cambio climático. La conversación sobre la necesidad de cambiar a fuentes de energía renovable para reducir el daño ambiental ha sido desencadenada por la alta intensidad de carbono asociada con la minería de Bitcoin.

Se están llevando a cabo numerosos intentos para mejorar el consumo de energía de Bitcoin y promover un futuro más sostenible para las criptomonedas en respuesta a las preocupaciones ambientales.

La transición a fuentes de energía sostenible para la minería de Bitcoin es una estrategia significativa. Para reducir su huella de carbono, varias operaciones mineras se están trasladando a áreas con abundantes fuentes de energía renovable, como la energía hidroeléctrica o granjas solares. La sostenibilidad también puede mejorarse utilizando el excedente de energía renovable para operaciones mineras que de otro modo se desperdiciaría.

Otra estrategia para reducir el uso de energía de Bitcoin es el desarrollo de tecnologías mineras eficientes en energía. Investigadores y desarrolladores están estudiando técnicas de consenso alternativas, como Prueba de Participación (PoS), que utilizan mucha menos energía que Prueba de Trabajo (PoW). PoS permite a los usuarios minar o validar transacciones en función de la cantidad de monedas que poseen, reduciendo la cantidad de procesamiento y energía necesarios.

Al financiar esquemas de compensación de carbono, algunas operaciones mineras y empresas de criptomonedas están asumiendo la responsabilidad de sus emisiones de carbono. Buscan equilibrar los efectos ambientales de la minería de Bitcoin apoyando programas que reduzcan las emisiones de gases de efecto invernadero o respalden la energía renovable.

La preocupación sobre el uso de energía de Bitcoin también involucra políticas y regulaciones. Los gobiernos y las organizaciones regulatorias están teniendo en cuenta incentivos para el uso de energía renovable, estableciendo requisitos de eficiencia energética para la maquinaria minera y aumentando la transparencia en la presentación de informes sobre el consumo de energía.

Un futuro más sostenible se puede lograr aumentando la comprensión pública de los efectos ambientales de Bitcoin y fomentando comportamientos sostenibles entre los usuarios de criptomonedas. La adopción de prácticas más ecológicas y el desarrollo de una cultura de sostenibilidad pueden ser impulsados educando a mineros, inversores y consumidores sobre las implicaciones energéticas de Bitcoin.

Un debate en curso sobre cómo equilibrar la innovación y la sostenibilidad en la industria de las criptomonedas se refleja en la discusión sobre el uso de energía de Bitcoin. Bitcoin tiene el potencial de cambiar las finanzas, pero debe implementarse teniendo en cuenta el medio ambiente.

En comparación con el sistema financiero convencional, los críticos afirman que el uso de energía en la minería de Bitcoin es ineficiente e insostenible. Sin embargo, los defensores sostienen que dado que la minería de bitcoin es rentable solo cuando se utiliza fuentes de energía asequibles y sostenibles, fomenta el desarrollo de soluciones de energía renovable.

La colaboración entre las partes interesadas es esencial para encontrar un equilibrio entre la innovación y la sostenibilidad. Para crear e implementar ideas que reduzcan el impacto ambiental de Bitcoin sin inhibir la innovación, es necesario que investigadores, mineros, desarrolladores, legisladores y especialistas en medio ambiente colaboren.

A medida que Bitcoin gana popularidad entre el público en general, el uso de energía y los efectos ambientales han surgido como preocupaciones cruciales en el debate. A pesar de la naturaleza intensiva en energía de la minería de Bitcoin y su dependencia de fuentes de energía no renovable, se están realizando iniciativas para reducir estas preocupaciones y promover la sostenibilidad dentro del ecosistema de criptomonedas. La clave para asegurar un futuro más sostenible para Bitcoin y otras criptomonedas es pasar a fuentes de energía renovable, crear equipos de minería eficientes en energía, compensar las emisiones de carbono, establecer regulaciones de apoyo y aumentar la conciencia pública. Para mantener la viabilidad a largo plazo de las monedas digitales mientras se reduce su impacto ambiental, la innovación y la sostenibilidad deben equilibrarse.

Bitcoin y Actividades Ilícitas

La moneda digital descentralizada conocida como Bitcoin ha llamado la atención debido a su potencial para transformar las finanzas y la economía global. Sin embargo, han surgido preocupaciones sobre su conexión con actividades ilícitas. Esta sección investiga la relación entre Bitcoin y la actividad ilegal, explorando los problemas principales, la importancia de la regulación y las iniciativas para promover la responsabilidad y la transparencia dentro del ecosistema de criptomonedas.

Hay varias razones por las que las personas asocian a Bitcoin con operaciones ilegales. Debido a su naturaleza seudónima, los usuarios pueden interactuar sin revelar sus verdaderas identidades, lo que podría ayudar a garantizar el anonimato en transacciones financieras. Además, es difícil para las autoridades rastrear y regular eficientemente las transacciones debido a la naturaleza descentralizada de Bitcoin. Estas características han generado preguntas sobre el lavado de dinero, evasión de impuestos, comercio ilícito y otros actos ilegales.

La posibilidad de que Bitcoin se utilice para el lavado de dinero y la financiación del terrorismo es un problema. Encontrar el origen y destino del dinero puede ser difícil debido a la naturaleza seudónima de las transacciones de Bitcoin. Los criminales pueden aprovechar este anonimato para financiar operaciones ilícitas como el terrorismo o para blanquear dinero obtenido ilegalmente.

Es crucial recordar que las transacciones de Bitcoin se registran en la cadena de bloques, una base de datos pública. Las partes involucradas en las transacciones son anónimas, pero el historial de transacciones es transparente y rastreable. Las autoridades pueden identificar y examinar actividades sospechosas como resultado de esta transparencia y mejoras en las tecnologías de análisis de la cadena de bloques.

Además, Bitcoin ha sido vinculado con el comercio ilegal, especialmente a través de mercados en la darknet. Estos mercados en línea basados en la dark web permiten la compra y venta de bienes y servicios ilícitos. Bitcoin se ha convertido en la moneda preferida para las transacciones en estas redes debido a su carácter seudónimo.

Ha habido iniciativas para detener la actividad ilegal en los mercados de la darknet. Se han llevado a cabo operaciones exitosas por parte de agencias de aplicación de la ley para cerrar mercados reconocidos y capturar a personas involucradas en actividades criminales. Además, empresas especializadas en investigación de la cadena de bloques han creado herramientas para monitorear y examinar transacciones de Bitcoin en la cadena de bloques, ayudando en la detección y examen de actividades ilegales.

Los marcos regulatorios son esenciales para resolver problemas relacionados con Bitcoin y la actividad ilegal. Las criptomonedas deben ser reguladas por los gobiernos en todo el mundo para detener el lavado de dinero, la financiación del terrorismo y otras actividades criminales. Las autoridades buscan avanzar en la transparencia, mejorar la seguridad y preservar la integridad del sistema financiero mediante la aplicación de regulaciones y medidas de cumplimiento.

Los intercambios de criptomonedas y los proveedores de servicios deben confirmar las identidades de sus clientes y reportar transacciones sospechosas según la legislación Conozca a su Cliente (KYC) y Contra el Lavado de Dinero (AML). Al fomentar la transparencia y crear un rastro de auditoría distintivo, estos métodos ayudan a reducir la posibilidad de actividad ilegal. Sin embargo, la innovación y las características que mejoran la privacidad de las criptomonedas deben equilibrarse con restricciones legales.

La comunidad de criptomonedas está trabajando de manera agresiva para promover la transparencia y la responsabilidad dentro del ecosistema de Bitcoin, junto con reguladores y participantes de la industria.

La capacidad para rastrear transacciones de Bitcoin e identificar actividad sospechosa ha mejorado considerablemente con la introducción de herramientas avanzadas de análisis de la cadena de bloques. Estas tecnologías utilizan algoritmos de aprendizaje automático y enfoques de análisis de datos para encontrar tendencias y anomalías, asistiendo a las autoridades encargadas de hacer cumplir la ley en sus investigaciones.

Para abordar las preocupaciones sobre actividades ilegales, la industria de las criptomonedas ha tomado medidas hacia la autorregulación. Con el fin de desarrollar las mejores prácticas, fomentar el cumplimiento e informar a los participantes sobre los riesgos y obligaciones relacionados con las criptomonedas, se han establecido numerosas asociaciones industriales y organizaciones autorreguladoras.

Para contrarrestar la actividad ilegal, la cooperación entre la comunidad de criptomonedas y las organizaciones encargadas de hacer cumplir la ley es esencial. Compartir información, trabajar juntos en investigaciones e intercambiar conocimientos con las agencias de aplicación de la ley puede hacer que los esfuerzos de cumplimiento sean más exitosos y mejorar la comprensión del panorama de amenazas en constante cambio.

Es crucial educar al público sobre los riesgos y desafíos que plantea la conexión de Bitcoin con la actividad ilegal. Los usuarios pueden evitar participar involuntariamente en operaciones ilícitas al aprender sobre el uso responsable y legal de las criptomonedas. Una base de usuarios más informada se puede lograr a través de campañas públicas, recursos educativos y asociaciones con instituciones académicas.

Se han expresado preocupaciones sobre cómo Bitcoin podría facilitar el lavado de dinero, el comercio ilícito y otras actividades ilegales debido a su asociación con la actividad ilegal. Sin embargo, es crucial entender que las organizaciones encargadas de hacer cumplir la ley pueden monitorear y examinar actividades cuestionables gracias a la transparencia de Bitcoin y a los avances en las herramientas de análisis de la cadena de bloques. Además, los marcos legislativos y la autorregulación empresarial están cambiando constantemente para fomentar la responsabilidad, la transparencia y el cumplimiento dentro del ecosistema de Bitcoin.

Una estrategia equilibrada que tenga en cuenta tanto la seguridad como la privacidad es necesaria para abordar los problemas con Bitcoin y la actividad ilegal. Para promover la transparencia, fomentar el uso responsable y asegurar que las ventajas de Bitcoin puedan ser utilizadas al tiempo que se reducen los riesgos asociados con operaciones ilegales, es esencial la cooperación entre la comunidad de criptomonedas, los reguladores y las autoridades encargadas de hacer cumplir la ley. Trabajando colectivamente, los interesados pueden sentar una base más sólida para Bitcoin y otras criptomonedas en el futuro, maximizando su potencial para afectar un cambio positivo y prevenir usos indebidos.

Problemas de escalabilidad

La primera criptomoneda, Bitcoin, ha crecido significativamente en popularidad y ha generado un aumento de la innovación en el mundo de los activos digitales. Sin embargo, la escalabilidad se ha convertido en un problema crucial para la red de Bitcoin a medida que aumenta la adopción. Esta sección aborda los problemas de escalabilidad que está experimentando Bitcoin en la actualidad, sus causas fundamentales, cómo afectan a la velocidad y costos de las transacciones, y posibles soluciones.

La escalabilidad es la capacidad de un sistema para acomodar las crecientes demandas a medida que se desarrolla. En el contexto de Bitcoin, la escalabilidad se refiere a la capacidad de la red para procesar un mayor volumen de transacciones de manera rápida y efectiva. Las limitaciones de la tecnología de cadena de bloques que respalda a Bitcoin se hacen evidentes a medida que más usuarios se unen a la red y aumenta la actividad de transacciones.

El límite de tamaño de bloque y la capacidad de procesar transacciones de Bitcoin están directamente relacionados con su problema de escalabilidad. El tamaño máximo de bloque para la cadena de bloques de Bitcoin es de 1 megabyte (MB), lo que limita la cantidad de transacciones que pueden ser contenidas en un solo bloque.

La escalabilidad es la capacidad de un sistema para acomodar las crecientes demandas a medida que se desarrolla. En el contexto de Bitcoin, la escalabilidad se refiere a la capacidad de la red para procesar un mayor volumen de transacciones de manera rápida y efectiva. Las limitaciones de la tecnología de cadena de bloques que respalda a Bitcoin se hacen evidentes a medida que más usuarios se unen a la red y aumenta la actividad de transacciones. Debido a esta restricción, la capacidad de procesar transacciones está limitada, lo que puede causar retrasos y aumentar los costos de transacción cuando la red está fuertemente congestionada.

La velocidad y las tarifas de transacción en la red de Bitcoin se ven directamente afectadas por el tamaño de bloque limitado y la capacidad de procesar transacciones. El tiempo que tarda en confirmarse una transacción y ser incluida en un bloque puede aumentar a medida que la demanda de transacciones supera la capacidad de la red. Como resultado, los usuarios pueden experimentar períodos de confirmación más largos y tarifas más altas para incentivar a los mineros a dar prioridad a sus transacciones.

Este problema de escalabilidad puede limitar el potencial de Bitcoin como un método de pago rápido y asequible, especialmente cuando la red está más ocupada de lo habitual. Además, los problemas de escalabilidad pueden hacer que Bitcoin sea menos viable para casos de uso que requieren transacciones rápidas y económicas, como las microtransacciones.

Las dificultades para escalar Bitcoin son causadas por varias variables. En primer lugar, la restricción de tamaño de bloque de 1 MB se implementó inicialmente como medida de seguridad para protegerse contra amenazas a la red. Sin embargo, cuando el volumen de transacciones se expandió, este límite se convirtió en un cuello de botella. En segundo lugar, para validar transacciones y agregar bloques a la cadena de bloques, los mineros deben resolver problemas computacionalmente desafiantes como parte del mecanismo de consenso de Prueba de Trabajo (PoW) de Bitcoin. La capacidad de la red para procesar transacciones se ve limitada por esta operación que consume tiempo. Por último, pero no menos importante, se introduce un retraso en la red debido a la naturaleza descentralizada de Bitcoin, que tiene nodos dispersos en todo el mundo. Esto afecta aún más los tiempos de confirmación de las transacciones.

Los problemas de escalabilidad de Bitcoin han impulsado la investigación de diferentes soluciones orientadas a aumentar la capacidad de procesar transacciones y mejorar la eficacia de la red. Testigo segregado (SegWit), la Red Lightning, Firmas Schnorr, fragmentación y técnicas de capas son algunos ejemplos de posibles soluciones.

Una actualización de bifurcación suave llamada SegWit separa los datos de testigo del bloque de transacción y modifica el formato de la transacción. Esto amplía el tamaño efectivo del bloque, permitiendo la inclusión de más transacciones en un bloque. Sobre la cadena de bloques de Bitcoin, se creó una solución de escalabilidad de segunda capa llamada la Red Lightning. Al establecer canales de pago entre usuarios, permite transacciones fuera de la cadena, inmediatas y económicas. Un método criptográfico llamado Firmas Schnorr reduce la cantidad de datos de transacción al combinar muchas firmas en una sola firma, aumentando la eficiencia de la transacción. La cadena de bloques se divide en piezas más pequeñas mediante técnicas de fragmentación y capas, y luego se agregan capas adicionales para realizar tipos específicos de transacciones o cálculos.

Hay varias dificultades y factores a tener en cuenta al implementar soluciones de escalabilidad para Bitcoin. Debido a la estructura descentralizada de la red, puede ser difícil llegar a un consenso sobre actualizaciones significativas y modificaciones al protocolo de Bitcoin. Para garantizar una implementación exitosa, cada solución propuesta debe contar con un amplio respaldo de mineros, desarrolladores y otros interesados. Escalar Bitcoin preservando la seguridad de la red y evitando la centralización es esencial, por lo que la seguridad y la descentralización son factores importantes a tener en cuenta. Para promover una integración fluida y reducir el daño al ecosistema actual, la compatibilidad entre diversas soluciones de escalabilidad y la interoperabilidad con la infraestructura actual de Bitcoin también son fundamentales.

Un obstáculo importante para la adopción generalizada de Bitcoin y su uso como sistema de pago a nivel mundial es su incapacidad para escalar. La velocidad y los costos de las transacciones se ven afectados por el tamaño limitado del bloque, la capacidad de procesar transacciones y los retrasos relacionados, lo que puede hacer que sea menos útil en algunas aplicaciones. Para superar estos problemas de escalabilidad, la comunidad de criptomonedas y los desarrolladores están buscando activamente soluciones. Formas potenciales de aumentar la escalabilidad de Bitcoin incluyen la incorporación de mejoras como Testigo Segregado, la implementación de soluciones de segunda capa como la Red Lightning, la investigación de métodos como Firmas Schnorr y tener en cuenta estrategias de fragmentación y capas.

La escalabilidad seguirá siendo un área crucial de enfoque a medida que Bitcoin se desarrolla, para garantizar que la red pueda adaptarse a un aumento en el volumen de transacciones, al tiempo que preserva la efectividad y la accesibilidad. Bitcoin puede consolidarse aún más como una moneda digital confiable y escalable, fomentando una adopción más amplia y casos de uso en el futuro, al abordar estos problemas de escalabilidad y encontrar el equilibrio ideal entre la innovación y la estabilidad de la red.

Manipulación del mercado y fraude

El entorno financiero ha sido completamente transformado por el desarrollo de Bitcoin, una moneda digital descentralizada. Sin embargo, la manipulación del mercado y la actividad fraudulenta todavía pueden ocurrir en el mercado de criptomonedas, incluido el mercado de Bitcoin. Esta sección examina estrategias de manipulación del mercado y actividades fraudulentas que han afectado al mercado de Bitcoin, evalúa sus efectos en los inversores y la integridad del mercado, e investiga contramedidas.

La manipulación del mercado es el intento deliberado de afectar el precio, volumen u otras características de un mercado financiero en beneficio propio. La manipulación del mercado en el mercado de Bitcoin puede tomar muchas formas diferentes, como esquemas de bombeo y descarga, operaciones ficticias, spoofing y layering, y comercio con información privilegiada. Estas acciones comprometen la capacidad del mercado para operar de manera justa y efectiva.

Los esquemas de bombeo y descarga implican aumentar artificialmente el precio de una criptomoneda mediante compras coordinadas y la difusión de noticias favorables, solo para vender en el punto más alto y dejar a otros inversores en pérdida. Para engañar a otros participantes del mercado, el lavado de operaciones implica que personas o entidades compren y vendan activos para dar la apariencia de un gran volumen de actividad. Mientras que el comercio con información privilegiada utiliza conocimientos confidenciales para obtener una ventaja injusta en las decisiones comerciales, el spoofing y layering implican colocar órdenes falsas en un intento de manipular la oferta o la demanda.

Para los inversores y la integridad general del ecosistema de criptomonedas, la manipulación del mercado y el fraude en el mercado de Bitcoin tienen consecuencias significativas. En primer lugar, los inversores desprevenidos que se convierten en blanco de técnicas de manipulación del mercado pueden sufrir grandes pérdidas financieras. Especialmente en operaciones de bombeo y descarga, los inversores son tentados a comprar activos a precios exagerados solo para ver cómo pierden valor cuando los manipuladores del mercado abandonan la escena.

La manipulación del mercado también reduce la confianza en el mercado de criptomonedas. El crecimiento y la adopción de las criptomonedas se ven obstaculizados debido a que los inversores dudan cada vez más en participar a medida que se difunde la noticia de operaciones fraudulentas. Los posibles inversores pueden ser disuadidos por esta disminución de la confianza, lo que también

puede obstaculizar el crecimiento de un mercado maduro y
saludable.

Con el fin de proteger los intereses de los inversores y mantener la
integridad del mercado, se están tomando medidas para
contrarrestar la manipulación del mercado y el fraude en el mercado
de Bitcoin. Para vigilar el mercado de bitcoin y detener la
manipulación del mercado, la supervisión regulatoria es esencial.
Para prevenir actividades manipulativas, las organizaciones
regulatorias están tratando de crear marcos claros y hacer cumplir
estándares de cumplimiento.

Las plataformas de intercambio y trading de criptomonedas utilizan
tecnologías de monitoreo del mercado y aplicación para detectar
patrones anormales de trading, identificar casos de lavado de
operaciones y detectar otros tipos de manipulación del mercado.
Estos instrumentos ayudan a identificar a los manipuladores y
funcionan como un desincentivo para la actividad fraudulenta.

Para que los inversores estén equipados con el conocimiento
necesario para reconocer y evitar esquemas de manipulación del
mercado, las campañas de educación y concientización son
cruciales. Los inversores pueden tomar decisiones más informadas
y defenderse de tácticas deshonestas al conocer los peligros y
síntomas de la manipulación.

Un componente crucial adicional para prevenir la manipulación del
mercado es aumentar la transparencia del mercado de
criptomonedas. Para disminuir la posibilidad de operaciones

anónimas y acciones ilegales, las plataformas de intercambio de criptomonedas pueden implementar medidas más estrictas de Conozca a su Cliente (KYC) y Anti-Lavado de Dinero (AML). Mantener la integridad del mercado depende de procesos de trading abiertos y de la precisa presentación de informes sobre la actividad de transacciones.

Combatir de manera efectiva la manipulación del mercado y el fraude requiere cooperación y compartir información entre plataformas de intercambio de criptomonedas, organismos reguladores, organizaciones encargadas de hacer cumplir la ley y asociaciones industriales. Los interesados pueden fortalecer sus esfuerzos conjuntos para proteger la integridad del mercado de criptomonedas intercambiando información, coordinando investigaciones y creando mejores prácticas a nivel sectorial.

El fraude y la manipulación del mercado representan amenazas serias para la integridad y estabilidad del mercado de Bitcoin. El comercio con información privilegiada, el spoofing y layering, el lavado de operaciones, los esquemas de bombeo y descarga, y otras estrategias manipulativas se utilizan para aprovecharse de inversores desprevenidos. Las pérdidas financieras, la disminución de la confianza y problemas regulatorios son los resultados.

Sin embargo, la manipulación del mercado y el fraude están siendo combatidos activamente por el sector de las criptomonedas, las autoridades regulatorias y los participantes del mercado. La integridad del mercado de Bitcoin se está preservando mediante el monitoreo regulatorio, tecnologías de vigilancia del mercado, programas educativos, mayor transparencia y cooperación.

La viabilidad a largo plazo y la expansión del mercado de Bitcoin dependen de medidas continuas para disuadir y detectar la manipulación del mercado y el fraude, aunque su eliminación completa pueda ser difícil. La industria puede proteger la integridad del ecosistema de criptomonedas y proporcionar a los inversores un entorno más seguro y confiable mediante el fomento de la apertura, la promoción de la educación de los inversores y la implementación de marcos regulatorios sólidos.

CAPITULO
IX
El Futuro de Bitcoin

Desarrollos e Innovaciones Potenciales

Desde su lanzamiento, Bitcoin, la primera criptomoneda, ha avanzado significativamente. Como fue la primera moneda digital descentralizada, desató una ola de innovación y sigue desarrollándose hoy en día. Esta sección examina cómo los futuros desarrollos e innovaciones de Bitcoin influirán en el panorama más amplio de las criptomonedas. Escalabilidad, privacidad, contratos inteligentes, soluciones de segunda capa y marcos legales son solo algunos de los temas que analizaremos.

La dificultad de escalar Bitcoin ha persistido a medida que el número de transacciones ha aumentado. Pero varias innovaciones potenciales muestran promesas para aumentar la capacidad de procesar transacciones. Al utilizar canales fuera de la cadena, soluciones de segunda capa como la Red Lightning permiten transacciones más rápidas y económicas. Además, al simplificar los datos de transacción y mejorar la privacidad, innovaciones tecnológicas como las Firmas Schnorr y Taproot pueden aumentar la eficiencia.

A pesar de que las transacciones de Bitcoin son seudónimas, se está trabajando continuamente para aumentar la privacidad. Innovaciones como Transacciones Confidenciales y Pruebas de Conocimiento Cero buscan ofrecer mayores garantías de privacidad al ocultar los montos de las transacciones y mejorar la confidencialidad de la identidad del usuario. Bitcoin puede atraer a una audiencia más amplia y abordar problemas de trazabilidad al mejorar las características de privacidad.

Los contratos inteligentes básicos son posibles con el lenguaje de script de Bitcoin, aunque es menos expresivo que otros sistemas como Ethereum. Sin embargo, propuestas como la Propuesta de Mejora de Bitcoin (BIP) 118, que define "Sighash_ANYPREVOUT", pueden mejorar la programabilidad de Bitcoin. Gracias a este avance, sería posible una mayor variedad de aplicaciones descentralizadas (DApps) y finanzas descentralizadas (DeFi) en la red de Bitcoin, lo que permitiría que los contratos inteligentes se vuelvan más complejos.

La escalabilidad de Bitcoin y la posibilidad de realizar más transacciones sin sobrecargar la cadena principal dependen de soluciones de segunda capa. El sistema de pagos fuera de la cadena, la Red Lightning, ya ha ganado popularidad y tiene la capacidad de aumentar considerablemente la capacidad de procesar transacciones y reducir los costos. Las soluciones de segunda capa pueden seguir evolucionando, abriendo nuevas vías para la escalabilidad mientras se preserva la privacidad y descentralización de la red de Bitcoin.

A través de la interoperabilidad entre cadenas, la influencia de Bitcoin puede ir más allá de su cadena original. El intercambio fluido de Bitcoin con otras criptomonedas es posible gracias a iniciativas como Atomic Swaps y exchanges descentralizados (DEX), que eliminan la necesidad de intermediarios y aumentan la propiedad del usuario sobre sus activos. Mediante la interoperabilidad entre cadenas, los usuarios pueden aprovechar las ventajas ofrecidas por diversas redes blockchain, fomentando un ecosistema de criptomonedas más conectado y efectivo.

La cadena de bloques de Bitcoin puede proporcionar una base sólida para la tokenización y la digitalización de bienes físicos. Bitcoin hace posible la propiedad fraccional, mayor liquidez y una mayor transparencia al representar activos tradicionales en la cadena de bloques. Al automatizar procesos y democratizar el acceso al capital, esta invención tiene el potencial de transformar por completo varias industrias, incluyendo bienes raíces, las artes y la gestión de la cadena de suministro.

Para que Bitcoin sea ampliamente utilizado e integrado en los sistemas financieros convencionales, los marcos regulatorios que lo rigen deben madurar. Las instituciones pueden sentirse más cómodas investigando productos y servicios relacionados con Bitcoin a medida que los gobiernos de todo el mundo establecen normas claras. La adopción de Bitcoin en los sistemas financieros establecidos, como los mercados de futuros, los fondos cotizados en bolsa (ETF) y los servicios de custodia, puede fortalecer su estatus como reserva de valor y herramienta de inversión.

Otra área de crecimiento es abordar la influencia de Bitcoin en el medio ambiente y el uso de energía. Mientras se preserva la seguridad y descentralización de la red, los nuevos avances en la tecnología de minería y la investigación de procesos de consenso alternativos, como la Prueba de Participación (PoS), tienen como objetivo reducir el consumo de energía. Estos cambios podrían mejorar la sostenibilidad de Bitcoin y aliviar las preocupaciones sobre su huella de carbono.

Los avances y desarrollos futuros relacionados con Bitcoin tienen el potencial de influir en la dirección de la moneda digital. Temas clave de investigación incluyen mejoras en la escalabilidad, mejoras en la privacidad, contratos inteligentes, soluciones de segunda capa, interoperabilidad entre cadenas, tokenización, marcos regulatorios, aceptación institucional y sostenibilidad ambiental. Bitcoin tiene el potencial de desarrollarse en una moneda digital más efectiva, privada, programable y conectada a medida que continúa evolucionando.

La comunidad de Bitcoin, los desarrolladores, las agencias regulatorias y los participantes de la industria están trabajando activamente en estas mejoras potenciales a pesar de obstáculos y preocupaciones. Lograr el pleno potencial de Bitcoin, convertirlo en un pilar del sistema financiero global y permitir una mayor inclusión financiera, eficiencia y transparencia requerirá colaboración, investigación y mejoras tecnológicas.

El Papel de Bitcoin en la Economía del Futuro

La moneda digital descentralizada conocida como Bitcoin ha comenzado a alterar el sector financiero. El papel de Bitcoin está preparado para crecer y cambiar la forma en que realizamos transacciones, almacenamos valor y participamos en el sistema financiero global a medida que el mundo avanza hacia una economía cada vez más digital. Esta sección examina la posición potencial de Bitcoin en la economía del futuro al analizar sus efectos en la política monetaria, las finanzas descentralizadas, el comercio global, la inclusión financiera y los sistemas financieros.

Al proporcionar una red descentralizada diferente para la transferencia de valor, Bitcoin tiene el potencial de transformar los sistemas financieros convencionales. Debido a su naturaleza sin fronteras, permite transacciones transfronterizas más rápidas y económicas, reduciendo la necesidad de intermediarios y creando nuevas oportunidades para el comercio internacional. Con Bitcoin, las personas y las empresas pueden evitar las restricciones de los sistemas bancarios convencionales y disfrutar de beneficios como tiempos de liquidación más rápidos, menos tarifas y mayor transparencia.

El impacto de Bitcoin en la economía del futuro va más allá de los sistemas bancarios, ya que tiene la capacidad de remodelar el comercio internacional. Bitcoin puede agilizar el comercio internacional, disminuir la dependencia de las monedas fiduciarias y ofrecer una plataforma más eficaz y transparente para llevar a cabo transacciones transfronterizas debido a su capacidad para realizar transacciones seguras e inmutables. Al automatizar las obligaciones contractuales y reducir la fricción en las cadenas de suministro complejas, los contratos inteligentes y la moneda programable en la red de Bitcoin mejoran aún más el comercio.

La capacidad de Bitcoin para fomentar la inclusión financiera es uno de sus efectos más importantes en la economía del futuro. Los sistemas bancarios tradicionales excluyen con frecuencia a personas que viven en regiones desatendidas debido a la falta de infraestructura o a regulaciones estrictas. Bitcoin empodera a las comunidades no bancarizadas o sub-bancarizadas al ofrecer un sistema financiero alternativo accesible para cualquier persona con conexión a internet. Mediante el uso de Bitcoin, las personas pueden acceder a servicios financieros, realizar transacciones de manera segura y mantener el control sobre su dinero, cerrando la brecha en las finanzas globales.

Al establecer una moneda deflacionaria con un suministro finito, Bitcoin socava la idea convencional de regulación monetaria centralizada. Bitcoin proporciona un amortiguador contra las monedas fiduciarias susceptibles a presiones inflacionarias debido a su suministro fijo de 21 millones de monedas, que los bancos centrales utilizan para combatir la inflación. La política monetaria transparente y predecible de Bitcoin ofrece una alternativa como reserva de valor, fomentando la confianza y la estabilidad frente a las incertidumbres económicas, a pesar de que su naturaleza deflacionaria puede plantear problemas para la estabilidad macroeconómica.

Más allá de ser simplemente una moneda digital, Bitcoin desempeñará un papel significativo en la economía del futuro. Se ha creado el ecosistema de Finanzas Descentralizadas (DeFi), que consiste en aplicaciones financieras basadas en blockchain. Sin utilizar intermediarios convencionales, los usuarios pueden utilizar DeFi para acceder a una variedad de servicios financieros como préstamos, endeudamiento y farming de rendimiento. La blockchain segura y abierta de Bitcoin sirve como una base confiable para las aplicaciones DeFi, permitiendo servicios financieros efectivos y sin necesidad de permisos.

Bitcoin es una clase de activo deseable para la preservación de la riqueza en la economía del futuro debido a su oferta limitada y su capacidad para actuar como reserva de valor. Las características digitales, la divisibilidad y la portabilidad de Bitcoin ofrecen ventajas especiales cuando las personas buscan alternativas a las reservas de valor convencionales como el oro o los bienes raíces. Es especialmente popular en lugares políticamente inestables, donde preservar la riqueza y protegerse contra la confiscación de activos son problemas importantes debido a su naturaleza descentralizada y su resistencia a la censura.

Más allá de su función como moneda digital, Bitcoin también es disruptivo de otras maneras. La tecnología subyacente, la cadena de bloques, ha generado innovación y emprendimiento. Es probable que surjan en la economía del futuro empresas innovadoras que utilicen la tecnología de Bitcoin para aplicaciones distintas a la banca, como la gestión de la cadena de suministro, sistemas de votación, derechos de propiedad intelectual y gobernanza descentralizada. Este ecosistema emprendedor tiene el potencial de estimular el crecimiento económico, el avance técnico y la creación de empleo.

Bitcoin desempeñará un papel fundamental y variado en la economía del futuro. Tiene la capacidad de transformar sistemas financieros, remodelar el comercio internacional, fomentar la inclusión financiera, actuar como cobertura contra la inflación, habilitar finanzas descentralizadas, resguardar la riqueza y estimular el avance técnico. Para realizar plenamente el potencial de Bitcoin en la economía del futuro, se deben resolver cuestiones como marcos regulatorios, escalabilidad y problemas ambientales.

La naturaleza descentralizada y sin fronteras de Bitcoin ofrece beneficios especiales que coinciden con los cambiantes requisitos de personas y empresas a medida que el mundo abraza la revolución digital. Su impacto en la economía del futuro dependerá de cómo los interesados superen obstáculos y aprovechen las oportunidades que ofrece esta tecnología revolucionaria. Bitcoin tiene el potencial de convertirse en un pilar de la economía futura a través de la innovación sostenida, la cooperación y la adopción, empoderando a las personas, alterando los sistemas financieros y redefiniendo el significado de valor en la era digital.

Bitcoin y el Concepto de Finanzas Descentralizadas (DeFi)

La innovadora criptomoneda Bitcoin no solo interrumpió los sistemas bancarios establecidos, sino que también ayudó a establecer la idea de Finanzas Descentralizadas (DeFi). DeFi tiene como objetivo eliminar intermediarios y permitir transacciones entre pares, representando un cambio de paradigma en la forma en que se crean y ofrecen los servicios financieros. Se explora la intersección de Bitcoin y DeFi en esta sección, junto con sus principios rectores, usos prácticos, ventajas y desventajas.

Un conjunto de aplicaciones y protocolos financieros conocidos como DeFi, que permiten el acceso sin permisos a servicios financieros, se construyen en blockchains públicas. Aprovecha la naturaleza descentralizada de la tecnología blockchain para democratizar el dinero y reducir la dependencia de intermediarios convencionales. El término "finanzas descentralizadas" (DeFi) se refiere a una variedad de aplicaciones, algunas de las cuales incluyen préstamos, endeudamiento, intercambios descentralizados (DEXs), stablecoins, farming de rendimiento y activos sintéticos.

Bitcoin sirve como una base confiable para aplicaciones financieras descentralizadas, desempeñando un papel vital en el ecosistema

DeFi. La infraestructura que respalda numerosos protocolos DeFi es segura, transparente e inmutable gracias a Bitcoin, la primera aplicación exitosa de la tecnología blockchain. Su sólido proceso de consenso y los efectos de red contribuyen a la seguridad y legitimidad general del ecosistema DeFi.

Aunque las aplicaciones DeFi despegaron principalmente en la red de Ethereum, se está trabajando para trasladar estas aplicaciones a la red de Bitcoin. Iniciativas como RSK y Liquid Network buscan fomentar la innovación en DeFi al habilitar capacidades de contratos inteligentes en la cadena de bloques de Bitcoin. Estos desarrollos aprovechan la seguridad, los efectos de red y las características de reserva de valor de Bitcoin para aumentar la base de usuarios de las aplicaciones DeFi.

El endeudamiento y préstamo descentralizado es uno de los pilares fundamentales de DeFi. A través del desarrollo de protocolos que permiten a los usuarios garantizar sus tenencias de Bitcoin y pedir prestado contra ellas sin necesidad de intermediarios financieros convencionales, la participación de Bitcoin en esta parte de DeFi está creciendo. Como resultado, las personas pueden acceder a liquidez de sus activos de Bitcoin sin renunciar a la propiedad y sin realizar verificaciones de crédito.

El ecosistema DeFi no está completo sin stablecoins, que son monedas digitales cuyo valor está vinculado al de dinero fiat convencional. Las stablecoins respaldadas por Bitcoin aprovechan la consistencia del valor para ofrecer una reserva de valor confiable en el sector DeFi. Los protocolos DeFi en Bitcoin también están explorando el desarrollo de activos sintéticos que representan activos del mundo real, brindando a los usuarios acceso directo a los mercados financieros convencionales.

Otro elemento clave de DeFi son los intercambios descentralizados, que permiten a los usuarios intercambiar criptomonedas directamente desde sus billeteras y eliminar la necesidad de intercambios centralizados. Aunque Ethereum es la plataforma principal en la que operan la mayoría de los DEX, se están realizando esfuerzos para crear protocolos de intercambio descentralizado que se conecten a la red de Bitcoin. Estas plataformas buscan aumentar la seguridad, privacidad y control de los activos de los usuarios.

En la comunidad DeFi, la agricultura de rendimiento y la minería de liquidez se han vuelto más comunes, alentando a los usuarios a proporcionar liquidez a protocolos descentralizados a cambio de recompensas. Aunque los protocolos basados en Ethereum se utilizan en su mayoría para la agricultura de rendimiento, la participación de Bitcoin en DeFi crea oportunidades para que los titulares generen ingresos pasivos al proporcionar liquidez a plataformas DeFi centradas en Bitcoin.

El ecosistema DeFi se beneficia de diversas maneras con la presencia de Bitcoin. En primer lugar, las soluciones DeFi construidas en Bitcoin son más creíbles y atractivas debido a su reconocimiento de marca significativo y a la liquidez en el mercado. En segundo lugar, la seguridad y los efectos de red de Bitcoin ofrecen una base sólida para la creación de protocolos DeFi duraderos y potentes. Además, las cualidades de Bitcoin como reserva de valor lo convierten en un activo colateral perfecto para el préstamo y la inversión dentro del ámbito DeFi.

Aunque hay muchos beneficios al integrar Bitcoin con DeFi, también existen problemas y obstáculos a tener en cuenta. La complejidad de los contratos inteligentes que se pueden crear directamente en la cadena de bloques de Bitcoin se ve limitada por la menor expresividad del lenguaje de scripting en comparación con el de Ethereum. Sin embargo, las sidechains, soluciones de capa dos y protocolos de interoperabilidad pueden cerrar esta brecha y permitir que la red de Bitcoin admita funcionalidades DeFi más sofisticadas.

Además, los marcos regulatorios y los estándares de cumplimiento presentan dificultades para las soluciones DeFi basadas en Bitcoin. Con el fin de fomentar el crecimiento y abordar las preocupaciones sobre la seguridad de los inversores y la estabilidad financiera, la claridad legal en torno a las numerosas aplicaciones de DeFi, como los préstamos descentralizados y los intercambios descentralizados, es crucial a medida que la industria se expande.

¡Se ha iniciado una emocionante nueva fase en el desarrollo tanto de Bitcoin como del sector financiero con la incorporación de Bitcoin a la idea de Finanzas Descentralizadas (DeFi)! Las aplicaciones DeFi buscan revolucionar los servicios financieros, democratizar el acceso y prescindir de la dependencia de intermediarios tradicionales al aprovechar la infraestructura transparente y segura de Bitcoin. A medida que aumenta el uso de

Bitcoin en DeFi, surgen nuevas oportunidades para préstamos, endeudamiento, comercio, stablecoins y activos sintéticos. ¡Es todo un panorama emocionante!

El espíritu innovador dentro de las comunidades de Bitcoin y DeFi promueve el desarrollo continuo y la investigación de soluciones, a pesar de la presencia de obstáculos como la escalabilidad, las capacidades de contratos inteligentes y los marcos regulatorios. El futuro podría dar lugar a un sistema financiero más inclusivo, abierto y eficaz que empodere a personas de todo el mundo al fusionar los beneficios de la naturaleza segura y descentralizada de Bitcoin con los ideales de DeFi.

CONCLUSIÓN

Resumen del libro electrónico

El libro electrónico "Bitcoin: Descubriendo el Poder Revolucionario de la Moneda Digital - Una Guía Integral de Bitcoin" es un recurso exhaustivo que examina las complejidades y el potencial de Bitcoin, la primera moneda digital descentralizada del mundo. Esta sección ofrece un resumen de los puntos principales discutidos en el libro electrónico, que incluyen la definición y antecedentes del dinero, una introducción a la moneda digital, la distinción entre moneda tradicional y digital, la tecnología blockchain que respalda a Bitcoin, la minería de bitcoins, la descentralización y la tecnología peer-to-peer, la seguridad y la privacidad, la oferta limitada y la naturaleza deflacionaria, la portabilidad y fungibilidad, la compra y almacenamiento de bitcoins, las transacciones de bitcoins y el uso de bitcoin para bienes y servicios. También se abordan los efectos de Bitcoin en la economía mundial, sus factores de riesgo y volatilidad, su entorno regulatorio mundial, su tributación, así como sus dificultades y conflictos legales, el impacto de bitcoin en fintech y banca, en comercio electrónico, en remesas y comercio internacional, en impacto social y casos de uso sin fines de lucro, en consumo de energía y preocupaciones ambientales, en actividades ilegales, en manipulación del mercado y fraudes, las posibles innovaciones y desarrollos de bitcoin, el papel de bitcoin en la economía futura y la idea de descentralización.

El libro electrónico comienza ofreciendo a los lectores una visión completa del dinero, incluyendo su concepto y desarrollo histórico. Examina cómo el trueque evolucionó hacia el dinero fiduciario e introduce la idea de la moneda digital como un tipo revolucionario de divisa. Al analizar las diferencias entre la moneda tradicional y la moneda digital, se destacan tanto sus ventajas como sus desventajas.

Luego, el libro electrónico se adentra en la tecnología blockchain, que es la base fundamental de Bitcoin. Se aclaran las características descentralizadas e inmutables de la blockchain, resaltando su importancia en el establecimiento de confianza en ausencia de intermediarios y facilitando transacciones seguras. Se explica cómo se generan nuevos bitcoins a través del proceso de minería, así como la contribución de los mineros a la seguridad de la red.

Las características clave de Bitcoin, como la descentralización y la tecnología peer-to-peer, aseguran la ausencia de una autoridad central y fomentan la confianza de los participantes. El libro electrónico se centra en la naturaleza seudónima de la blockchain y en las medidas tomadas para proteger las identidades de los usuarios al analizar los aspectos de seguridad y privacidad de las transacciones de Bitcoin.

Bitcoin se posiciona como una posible reserva de valor y una alternativa a las monedas fiat inflacionarias debido a su cantidad finita y sus características deflacionarias. El uso práctico de Bitcoin en diversas transacciones, incluidas las microtransacciones, se ve reforzado por su divisibilidad, portabilidad y fungibilidad.

Se exploran también aspectos de Bitcoin que son aplicables a la vida cotidiana, como la compra y el almacenamiento de bitcoins. El libro electrónico describe diversas formas de comprar bitcoins y destaca el valor de alternativas seguras de almacenamiento de monederos para proteger los activos digitales.

La transparencia y seguridad de la blockchain se destacan al discutir los mecanismos de las transacciones de Bitcoin. El libro electrónico resalta las posibilidades de utilizar Bitcoin como medio de intercambio para bienes y servicios, así como la amplitud de su aceptación.

Al examinar el rendimiento histórico de precios de Bitcoin, la volatilidad del mercado y los factores que afectan su valor, se investiga el potencial de inversión de la criptomoneda. Además, se examina la función de Bitcoin como reserva de valor, teniendo en cuenta que es un activo descentralizado resistente a la inflación y la censura.

El libro electrónico explora la influencia económica de Bitcoin en el mundo, destacando su potencial para transformar sistemas financieros, permitir el comercio internacional y promover la inclusión financiera. También enfatiza la necesidad de marcos regulatorios y la importancia de abordar problemas ambientales, al tiempo que reconoce los riesgos y la volatilidad asociados con Bitcoin.

Al examinar los problemas legales y las dificultades que enfrenta la criptomoneda, se analiza el entorno regulatorio cambiante que rodea a Bitcoin. El libro electrónico investiga los efectos sobre los impuestos e intenta crear marcos regulatorios que encuentren un equilibrio entre la innovación y la protección del consumidor.

El impacto de Bitcoin en la banca y la tecnología financiera se examina a la luz de su potencial para perturbar los sistemas financieros establecidos y fomentar la innovación en campos como los pagos, los préstamos y la verificación de identidad. El libro electrónico también analiza cómo Bitcoin afecta al comercio electrónico, las remesas, el impacto social y los casos de uso sin fines de lucro, destacando cómo tiene la capacidad de promover la inclusión financiera y otorgar poder a las personas en todo el mundo.

Se discuten los problemas medioambientales generados por el uso de energía de Bitcoin, y se investigan ideas innovadoras y posibles soluciones para disminuir sus efectos medioambientales negativos. El libro electrónico aborda claramente las actividades ilegales vinculadas a Bitcoin y la demanda de fuertes medidas de seguridad para prevenir el fraude y la manipulación del mercado.

Hablamos de los problemas de escalabilidad de Bitcoin y posibles soluciones, como los protocolos de capa dos y las transacciones fuera de la cadena. El libro electrónico también examina posibles avances e innovaciones futuras que podrían mejorar las capacidades de Bitcoin y su función en la economía del futuro.

Finalmente, se presenta la idea de finanzas descentralizadas (DeFi), destacando cómo Bitcoin actúa como la base de esta idea revolucionaria. El libro electrónico examina los principios, usos y ventajas de DeFi, demostrando cómo tiene la capacidad de transformar los servicios financieros, proporcionar transacciones directas de igual a igual y promover la inclusión financiera.

El libro electrónico "Bitcoin: Descubriendo el Poder Revolucionario de la Moneda Digital - Una Guía Integral de Bitcoin" ofrece un análisis exhaustivo de los antecedentes, características, usos y efectos de Bitcoin en diversas facetas de la economía global. El libro electrónico brinda a los lectores un conocimiento más claro del potencial y las dificultades asociadas con esta tecnología innovadora al examinar los temas importantes relacionados con Bitcoin. Ya sea como moneda virtual, una herramienta para invertir o un impulsor de la innovación financiera, Bitcoin sigue teniendo un impacto en cómo se desarrollará la economía mundial en el futuro.

Reflexiones Finales sobre el Poder Revolucionario de Bitcoin

Desde su concepción, Bitcoin, una moneda digital descentralizada, ha transformado innegablemente la industria financiera. Al llegar al final, es importante considerar el potencial revolucionario de Bitcoin y la influencia significativa que ha tenido en muchos aspectos de nuestras vidas. Esta sección ofrece algunas reflexiones finales sobre el poder revolucionario de Bitcoin, destacando su potencial de transformación, las dificultades y las perspectivas para el futuro.

La capacidad de Bitcoin para perturbar los sistemas financieros establecidos es lo que le confiere su poder revolucionario. Bitcoin representa una amenaza para la gestión centralizada de los sistemas monetarios al eliminar intermediarios, reducir los costos de transacción y permitir transacciones rápidas y seguras de igual a igual. Al permitir que las personas gestionen directamente sus finanzas, transforma la manera en que intercambiamos bienes y servicios, así como la forma en que valoramos las cosas.

El potencial de Bitcoin para promover la inclusión financiera es una de sus contribuciones más importantes. Bitcoin ofrece una alternativa viable en áreas con acceso limitado a servicios bancarios tradicionales. Debido a que no tiene fronteras, las personas pueden participar en la economía global, superando obstáculos como la distancia y la burocracia. Gracias a la naturaleza descentralizada de Bitcoin, cualquier persona con acceso a Internet puede utilizar servicios financieros y participar en la economía digital.

Bitcoin ha abierto el mundo de las inversiones a personas de todos los ámbitos de la vida, permitiendo que todos participen en el proceso de construir riqueza. Bitcoin permite que incluso pequeños inversores accedan al mercado y potencialmente se beneficien de su crecimiento, a diferencia de los vehículos de inversión tradicionales que a menudo exigen fondos o certificaciones significativas. Esta inclusividad tiene la capacidad de reducir las brechas de riqueza y brindar a las personas las herramientas que necesitan para desarrollar su seguridad financiera.

Redefinir la confianza y la apertura en las transacciones financieras es otra área en la que Bitcoin es innovador. Debido a que cada transacción se verifica y registra gracias a la tecnología blockchain que impulsa a Bitcoin, se promueve la transparencia y se reduce la posibilidad de fraude. Al eliminar intermediarios, este libro contable descentralizado deposita la confianza en las matemáticas y la criptografía en lugar de las autoridades centralizadas. Como resultado, la transparencia se integra en la estructura fundamental de las transacciones, introduciendo un nuevo paradigma de confianza.

Las políticas monetarias tradicionales y los bancos centrales son puestos a prueba por la oferta fija y las características deflacionarias de Bitcoin. Bitcoin actúa como un refugio contra las monedas fiat inflacionarias que son susceptibles a la manipulación política debido a su oferta finita de 21 millones de monedas. La introducción de Bitcoin ha generado discusiones sobre la función de los bancos centrales, la estabilidad de las monedas fiat y la necesidad de sistemas monetarios alternativos que ofrezcan mayor previsibilidad y seguridad.

Gracias a la naturaleza sin fronteras de Bitcoin, las personas pueden trascender las fronteras internacionales y participar en actividades económicas sin depender de instituciones bancarias convencionales. Bitcoin brinda a las personas una forma de proteger su riqueza y realizar negocios fuera de la supervisión de autoridades centralizadas en países con economías inestables, controles de capital o gobiernos opresivos. Este empoderamiento a través de la soberanía financiera puede alterar el entorno geopolítico.

Las regulaciones están cambiando para adaptarse a las características especiales de Bitcoin y a las posibles amenazas a medida que continúa ganando popularidad. Los gobiernos y las organizaciones regulatorias son cada vez más conscientes de la necesidad de encontrar un equilibrio entre fomentar la innovación y proteger a los consumidores. Para garantizar que el ecosistema de

Bitcoin se desarrolle de manera responsable y brinde a las personas y empresas un entorno legal seguro para operar, la certeza regulatoria es esencial.

El potencial revolucionario de Bitcoin está interconectado con los desarrollos tecnológicos continuos y las soluciones de escalabilidad. Existe la posibilidad de aumentar la escalabilidad, el volumen de transacciones y reducir los costos con el desarrollo de protocolos de capa dos, transacciones fuera de la cadena y mejoras en los procesos de consenso. Estos desarrollos tecnológicos son necesarios para que Bitcoin sea ampliamente utilizado y funcione como un sistema de pago a nivel mundial.

A medida que se revelan los efectos ambientales del uso de energía de Bitcoin, se están tomando medidas para resolver problemas de sostenibilidad. La huella de carbono de Bitcoin se está reduciendo mediante innovaciones como el uso de energía renovable en operaciones mineras y la investigación de procedimientos de consenso alternativos. La salud a largo plazo de Bitcoin dependerá críticamente de cómo se equilibren la sostenibilidad ambiental y el potencial de la moneda digital.

Como resultado de su interrupción de los sistemas financieros establecidos, su potencial para promover la inclusión financiera y su capacidad para redefinir la confianza y la transparencia, Bitcoin tiene un poder revolucionario. Presenta una alternativa descentralizada que empodera a las personas a escala global, desafiando las ideas convencionales sobre el dinero, la política monetaria y los bancos centrales.

Aunque existen obstáculos, como marcos legales y preocupaciones medioambientales, el avance de la tecnología y la innovación continua muestran esperanza para el desarrollo y la influencia continuos de Bitcoin. Mientras avanzamos, abrazar el poder transformador de Bitcoin requiere cooperación, educación y participación responsable en la creciente economía digital.

Bitcoin va más allá de ser simplemente una pieza de moneda digital. Representa la independencia, la descentralización y el control financiero. Su poder revolucionario tiene la capacidad de transformar la manera en que realizamos transacciones, almacenamos riqueza y también la economía y las finanzas a nivel mundial. Al abrazar esta tecnología transformadora, creamos un futuro donde los sistemas financieros son más inclusivos, transparentes y equitativos.

Gracias por comprar y leer/escuchar nuestro libro. Si encontraste útil o beneficioso este libro, por favor, tómate unos minutos y deja una reseña en la plataforma donde adquiriste nuestro libro. Tu retroalimentación es muy importante para nosotros.